經濟學人這樣看教育，談人生

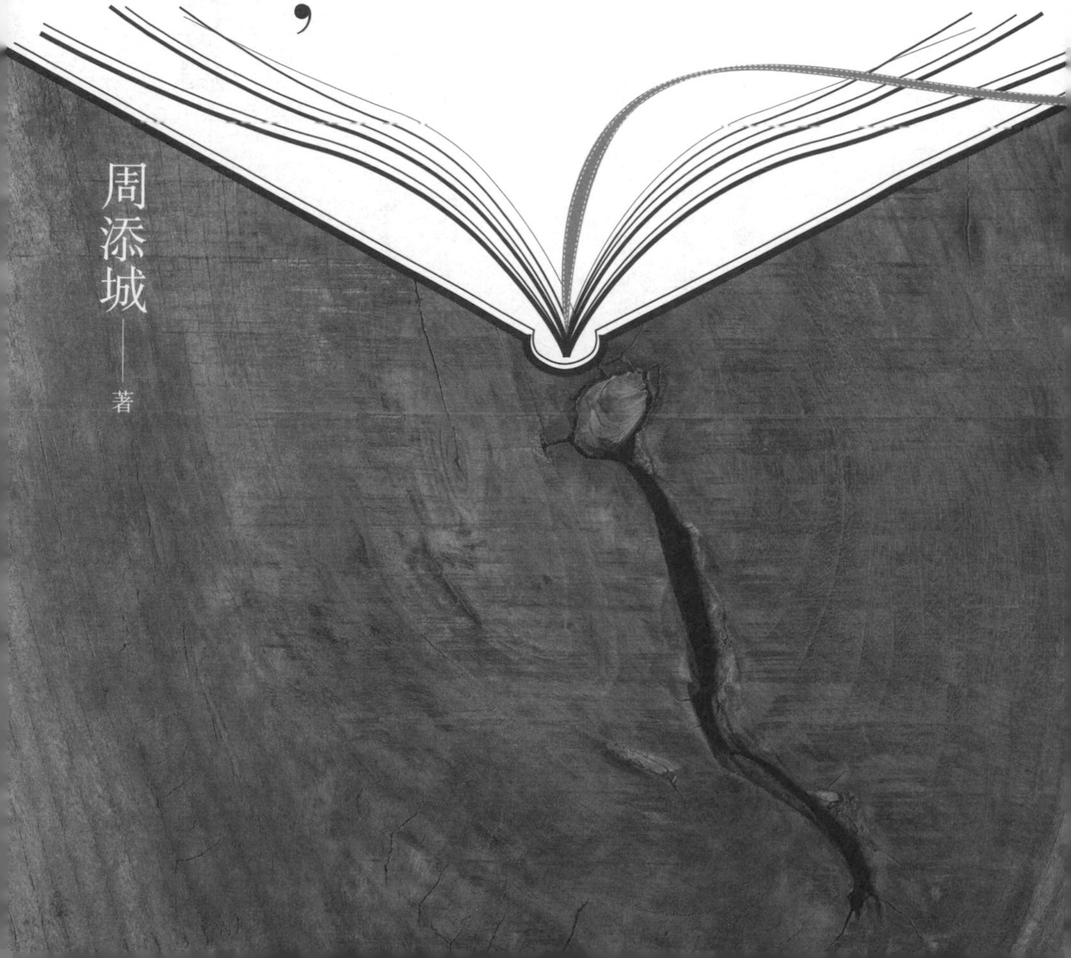

周添城——著

專業人士強力推薦

周老師的發言，讓我覺得他不只是一位學者，對於社會實務的理解，他有十分獨到之處，我確定他不是活在學術象牙塔裡的學者，而是在現實世界有一番作為的能人。

城邦媒體集團首席執行長　何飛鵬

正確的「基本經濟觀念」之傳布很根本、很重要，但也非常不容易，也很孤寂。在稀少的傳布觀念人物中，周添城教授是其中很重要的一位……。在這近乎「人人為近敵」的社會，閱讀周教授的文章可以洗滌汙垢，淨化人心，值得將之廣傳。

中華經濟研究院特約研究員　吳惠林

除了從經濟的觀點加以評論之外，進一步對生命價值甚至人生哲理，提出闡釋，內容精彩，令人敬佩。本書讓一般人可以瞭解一位經濟學人如何看世界，關心社會及人生；對於經濟學界也提出可供參考的想法。

新台灣國策智庫董事長　吳榮義

作者的經歷使他關心的領域，擴大至教育和世界相關的議題。本書共收錄了周教授關心的五個主題，合計一百篇的文章。相信從這些文章中，可以看到一個經濟學人對國事、專業的關懷，值得推薦。

台灣金控暨台灣銀行董事長　李紀珠

作者無愧是有經濟學者「冷靜的腦、溫暖的心」，清楚整理台灣教育之盲點，以及思考台灣教育的未來。此外，他亦有著多采多姿的生命體驗，值得讀者分享與參考之處甚多，有待大家品味再三！

台北金融研究發展基金會董事長　周吳添

研讀其論述內容的字裡行間，韻香意明，有如一股涓涓細流，清新地注入知識的漠地，溫蜜地滋潤了生命的心田。我認為這本書可以作為你我生命體驗相互交輝的共同素材。

醒吾科技大學校長　周燦德

一篇篇散文式的評析，有如一段段與讀者的輕鬆對談，在對社會現象的思辨與感悟之間，蘊含了新經濟觀點，互為印證，引人入勝。這部著作充滿了人生雋語、智慧火花，讓我們一起進入「人文的經濟、經濟的人文」世界，悠遊其間。

中油公司董事長　林聖忠

好的經濟學者，不但能參透萬事，若是投身教育領域，更是如虎添翼。透過這本兼具專業知識與人文關懷的好書，讀者一定能更明瞭作者的理念；產學互動下的經濟與教育，必然也能相輔相成，齊頭並進。

圜達實業公司董事長　林錫琦

周校長是少數學者當中，能夠以深入淺出的方式，來闡述各項複雜的經濟議題，以及其背後對我們人生各層面帶來的影響與衝擊。本書是政府以及工商界的決策者必讀著作，對一般讀者在掌握未來全球的經濟脈動，培養正確的人生觀方面，具有啟發性的作用！

華聚產業共同標準推動基金會董事長　陳瑞隆

周校長將經濟與教育、生活、人生經驗，結合時事，做深入淺出地分享，用不同於一般經濟學家的角度，解析人生意義。

天和生物公司董事長　劉天和

周校長集數十年經濟學者的功力，生活中隨手拈來各種大小議題與讀者暢談財經管理，還能將經濟學專業延伸至對教育改革的探討、變遷中世界的觀察，顯見人生無處不是經濟！

富邦金控高級顧問　龔天行

CONTENTS 目錄

經濟學人這樣說財經

經濟學人這樣講商管

經濟學人這樣看教育

經濟學人這樣談人生

經濟學人這樣觀世界

〈專文推薦〉
用經濟以經世濟民

何飛鵬

一九八七年，我創辦《商業周刊》，為了內容需要，我們找了五位大學財經系的教授成為雜誌的總主筆，每週或隔週我們就會聚集在一起，共同探討當前的重要財經問題。通常我們會針對當前發生的財經大事，請教這些教授們的意見，他們也會就所學的專業，提供學理的專業分析，這對我們許多新手記者們都是很重要的學習。

當時周添城就是五位主筆之一，我記得他當時應是中興大學經濟系的教授，印象中每次開會他都會從經濟學的學理，引經據典的論述各種可能，經常能與事件後來的發展若合符節。而且周老師的發言，也讓我覺得他不只是一位學者，對於社會實務的理解，他也有十分獨到之處，我確定他不是活在學術象牙塔裡的學者，而是在現實世界也可以有一番作為的能人。

之後《商業周刊》主筆改組，周添城因工作不再擔任，我們從此變成熟悉但不常見面的老友。雖然不常見面，都可以時常在媒體中看見周老師的高論，這永遠是熟悉的。

周老師的一生都在教育界服務，從教授、系主任到大學校長，每一個階段我們都可以見到他全力投入的成果。

尤其最後在醒吾科技大學校長的任內，在這個台灣因少子化，許多私立大學普遍招生不足的狀況下，醒吾科大仍然欣欣向榮。

一年前，周老師與我見面聊天，想把他這些年發表的一些文章結集成書，我們自然很樂於服務，而有這一本《經濟學人這樣看教育，談人生》的出版。

這是周老師一生的精華結集，每篇文章都有他獨到的觀點，值得所有讀者一睹為快。

（本文作者為城邦媒體集團首席執行長）

〈專文推薦〉

人生為何？教育何為？

吳惠林

十多年來，開課第一天，面對大學生、研究生青春面孔，我一開口就會問：「人是什麼？問問自己到底是不是人？」學子們的反應大都是茫茫然，目瞪口呆，更以為自己進錯教室，以為上的是哲學課。其實我教的是經濟學相關課程，而經濟學原本就是「人的行為學」，主體是「人」啊！

眾所周知，「人是萬物之靈」，人具有一般動物的欲望、衝動和本能的反應，更重要的是，「人」還具有異於禽獸的意志、理念和邏輯思考，人更不是機器。不過，當代經濟學和經濟學人卻在數理化演進下，引進理工科學的分析工具，將人標準化和機器化了，而當前的學校教育也朝向「標準化」，在標準答案的教學下，將人「非人化」矣！實在有必要進行「返本歸真」，將人找回來，將學校教育導正。

導正走偏的學校教育

那麼「人生為何？人生何為？」就是基本課題，母親懷胎十月呱呱墜地，來到人間的第一聲就是「哭」，而哭不就是痛苦、不高興的表示嗎？所以，人一出生就已意識到要來受苦了，而且是被迫來到人間，於是發出哭聲抗議。不過，儘管不是自願的，既然降臨世間，就必須活下去，完成「生老病死」的過程，在日復一日的生活中，是不是要想一想「生活的目的是什麼？生命的意義又何在呢？」

在蔣中正領導的專制時代，「生活的目的在增進人類全體的生活，生命的意義在創造宇宙繼起的生命」，這兩句話高掛在中小學禮堂，學子們被逼背誦而琅琅上口。當今「永續發展」被世人念茲在茲，但天災人禍愈來愈嚴重，除非這兩句話被實實在在落實，否則永續發展將是夢一場。不過，當代人的生活你爭我奪，爭來鬥去、欺騙、不誠信、搞陰謀，不但不是增進別人的生活，反而是搶奪別人的資源為己所用，「自私自利」是鮮活寫照，「人不為己天誅地滅」都成座右銘了，而生命的意義更離創造宇宙繼起的生命漸行漸遠，不婚不育日漸普遍，少子女化的結果怎會有繼起的生命呢？

「人心不正」是一切問題的根源

這些人生的根本課題往往被導向「由教育」來化解，可是當今的學校教育真能擔此重責大任，或者反而推波助瀾，助紂為虐呢？

在經濟領域翻滾數十年的我，近十多年來一直在思索、探討這些人生根本課題，也一直為文傳布基本經濟觀念，更深深體認到「人心不正」才是關鍵；而「人者心之器」，「心者」受後天形成的「觀念」所引導，學校教育正是傳布觀念的最重要觸媒。不過，正確的「基本經濟觀念」之傳布很根本、很重要，但也非常不容易，也很孤寂。

在稀少的傳布觀念人物中，周添城教授是其中很重要的一位，長久以來不斷的在各種報章雜誌、電視台、廣播電台等等媒體為文、講述，並將文章結集成書廣泛傳布。如今又將其在《經典雜誌》專欄的百篇文章精華，以《經濟學人這樣看教育，談人生》書名出版。

我認識周教授很久了，早年還曾經合作研究計畫，也曾共同撰寫過論文，但近十年來幾乎未曾碰過面，如今再讀其近年的文章，直覺其功力增進，境界提升了，由純經濟面向昇華到人生層面，反映其在宗教信仰、身心靈課程的洗滌之後，朝向對生命的追尋，在一篇篇觸及心靈的探索，視人生意義為圓滿過程的追求短文中呈現其領悟，字裡行間散發出溫厚善良的人文關懷。對於台灣人民認為痛苦的事物，以樂觀正面看待，提出化解之道，總歸一句話：「凡事無非是人心。」只要人心擺的正，轉念間就會「柳暗花明又一村」。

在這近乎「人人為近敵」的社會，閱讀周教授的文章可以洗滌汙垢，淨化人心，值得將之廣傳。台灣住民，盍興乎來！

（本文作者為中華經濟研究院特約研究員）

〈專文推薦〉

超越「看不見的手」，看見世界與人生

吳榮義

現代經濟學開山祖師亞當・斯密（Adam Smith，1729-1790）在他的重要著作《國富論》（*The Wealth of Nations*）中提出個人以利己心為動機，從事經濟行為，結果不但有利於自己，而且有利於公益，好像由「一隻看不見的手」（an invisible hand）所引導，經由市場交易走向社會和諧與一致，但事實上，實際經濟社會的問題無法單純依賴「一隻看不見的手」解決。

此後，許多經濟學家提出不同的看法及修正，本書作者周添城教授嘗試從不同角度來看經濟社會及人生問題。以他過去做為經濟學人的身份，長期從事經濟領域方面的教學、研究，後來擔任許多教育行政工作，曾任大學校長、學院院長、所長系主任，以及產業金融經濟相關機構的諮詢工作，並經常發表文章，對經濟、社會相關議題提出獨到敏銳及深入的看法。由於作者豐富的研究及工作經驗，除了從經濟的觀點加以評論之外，進一步對生命價值甚至人生哲理，提出他的闡釋，可以說已經超出傳統的市場經濟的範疇，內容精彩，令人敬佩。本書讓一般人可以瞭解一位經濟學人如何看世界，關心社會及人生；對於經濟學界也提出一個可供參考的想法。

經濟學為簡化分析架構看問題，通常自限於一些假設條件為前提，但實際社會並不是那樣簡單。最明顯的例子是二次世界大戰以後，依市場機能及自由貿易帶來快速全球化所產生的貧富不均問題不斷惡化，不但在富國與窮國之間所得差距加大，在國內一般家庭所得分配也嚴重惡化，這些問題如何能解決是全世界各國社會及政府所關心的。周教授認為M型左右兩邊族群需要重新調整各自財富與生活態度，甚至還需要人類社會在價值觀上的調適，換言之這些問題不是依賴經濟機制能夠解決，也不是不同族群對財富及生活態度調整，或人類社會在價值觀上的調適就會消失，恐怕需要政府採取適當的政策加以因應。因此，周教授如能再寫一本書提出解決這些問題的方法，相信是讀者，以及社會所期待的。

本書讓讀者瞭解，一位長期從事教學研究及擁有豐富教育行政工作經驗的經濟學家，提出他對世界及人生的看法，頗值參考，故樂於推薦。

（本文作者為新台灣國策智庫董事長）

〈專文推薦〉

經濟學人對國事與專業的關懷

李紀珠

我和周添城教授是經濟學界的同行。我在政大經濟學系擔任教授時，他在輿大法商、後改為台北大學的經濟學系服務。由於雙方研究領域有些共通點，因此，時而交換意見。

周教授一直以來勤於筆耕，其文章散見各報章雜誌，也曾在多家報社擔任主筆。其後，他從公立學校轉至私立大學服務，先後擔任景文、醒吾科大的校長。這些經歷使他關心的領域，亦擴大至教育和世界相關的議題。

本書共收錄了周教授關心的五個主題，合計一百篇的文章。相信從這些文章中，可以看到一個經濟學人對國事、專業的關懷，值得推薦，特以為序。

（本文作者為台灣金控暨台灣銀行董事長）

〈專文推薦〉

冷靜的腦、溫暖的心，尋找台灣教育的未來

周吳添

很開心聽到家兄周校長即將出版《經濟學人這樣看教育，談人生》。數月前，周校長曾提及對當前教育的看法以及將出此書之背景。觀之現今教育皆只注重「IN」入學指考的各項權數之技術性考量，而忽略談「OUT」畢業後就所學如何學以致用相連結等課題。當整個社會或教育部教改只集中看入學方式各項甄選／筆試／口試的「IN」時，不論教改如何改，在熱門科系的粥少僧多情況下，還是只能計較指考的分數，甚至小數點兩位數予以計算之等等，不得不侷限於分數的迷思中，而忽略學生的畢業後「OUT」與職場連結等出路，所以教改要有所突破是不易的。

周校長提出國立大學與私立大學現行是存在很大的落差的，尤其從「學費定價」

來看，國立大學一學年學費約五萬，私立大學一年學費約十萬，則兩者相差五萬，四年則差距二十萬，二十萬對於一般中產（受薪）階級，平均月收入所得六至十萬上下的家庭，假設一個月存二至三萬，也是至少得累積六至十個月的積蓄。高中生在面對科系或學校選擇時，因此「學費的價差」，其實早就心有所屬了。學費已無形中決定了志願，進而，造成更多的日後興趣不合，與私立大學追趕國立大學的機會幾乎很難，市場價格那隻無形的手，已決定了台灣教育改革的不可能；為此，周校長曾提及國立大學分四年，每年百分之二十五調漲，且加上弱勢學生給予資助之配套，予期拉平國立、私立大學之學費差距，如此多一個選項；進而正常發展教學的配套等構想，頗值教改者討論之思維。

此外，對於有未來性具潛力發展的科系，絕對不是當下最熱門的科系，而是需要經過大學四年，研究所兩年，甚至工作幾年後，當時最需要的科系或專業，這期間最少落差 4+2+（4~6）=10~12 年，如何靠當下有限資訊，予以選擇呢？亦即，此對於高中畢業生在當下選擇科系時，社會所提供的資訊是完全不夠的，而二十萬的學費差距，卻是一般中產家庭在選擇可負擔的基本經濟條件下，而不得不選擇「較便宜學費」的國立學校優先私立大學選項，進而不論科系之選擇結果，此亦是重IN輕OUT的另一客觀事實。故在當下，很難選擇有興趣或者是符合未來發展的科系就讀，以致難有客觀的選擇。

在國立與私立大學的鴻溝無法調整的現狀下，周校長以經濟學的角度以及對於教育長期的觀察，點出此觀點，對當下聚焦探討「十二年國教、教改、甄試、指考……等」，應有更大的參考與另一創新思路，他無愧是有經濟學者的「冷靜的腦、溫暖的心」，亦即出版了此書，清楚整理了台灣教育盲點之論述，值得大家一起來看，以及思考台灣教育的未來！

這僅是經濟學者背景下看教育的一個具體觀點，此外，其一生亦有著多采多姿的生命體驗，值得讀者分享與參考之處甚多，有待大家品味再三！供讀者參考之！

（本文作者為台北金融研究發展基金會董事長）

〈專文推薦〉

生命體驗相互交輝的閱讀之旅

周燦德

本書作者以其一甲子功力，匯集經濟、教育和人生的深厚專業素養和生活體驗，藉由社會發生的議題事件作場域，將知識內化而應用在問題的剖析和解決的策略思考上，再轉化成一篇篇具有獨到見解和發人深省的絕妙佳作；研讀其論述內容的字裡行間，韻香意明，有如一股涓涓細流，清新地注入知識的漠地，溫蜜地滋潤了生命的心田。我認為這本書可以作為你我生命體驗相互交輝的共同素材。特予推薦。

（本文作者為醒吾科技大學校長、前教育部常務次長）

〈專文推薦〉
經濟腦，人文心

林聖忠

解釋社會現象或議題時，注入以不同學理及觀點，往往可帶來釐清混淆、梳理脈絡的作用。這種基本原理及架構的導引，不僅提供讀者不同的觀察視角，也將觸發其對議題多重面向的思考，獲致清晰的輪廓。周添城教授最新著作《經濟學人這樣看教育，談人生》，正是這樣一本幫助讀者綜觀百態，拉高層次、建立構面的好書。

一篇篇散文式的評析，有如一段段與讀者的輕鬆對談，在對社會現象的思辨與感悟之間，蘊含了新經濟觀點，互為印證，引人入勝。結集多年來在《經典雜誌》執筆的專欄文章精華，周教授在一則則故事與緊扣時事的主題中，以其經濟學者的思維角度，關注全球化浪潮下的世界，眾多趨勢的形成，經濟、金融、貨幣市場秩序的推衍，人們生活面貌的變遷，以及其對台灣經貿發展、國計民生以及個別企業發展的影響。

在此同時，他也感於市場機制對效率的追求，已然導致資源的配置不公，走向M型化的發展，即《論語・季氏篇》所謂的「不患寡而患不均」，不諱言傳統經濟學已面臨翻轉的時刻。「經濟，始終來自人文」，周教授相信，若人心意念的關照內化為經濟的底蘊，則離重建理想美好社會價值的境界不遠，此一論點為讀者帶來深刻的省思，也喚起更多人對台灣社會發展的關注。

從人生、教育到經濟，字裡行間，處處可見周教授秉持的一股人文關懷。深耕高等教育多年的他，將志趣與工作合一，視為人生得天獨厚的幸運，故能保持始終不變的熱情，令人敬佩。教育，為百年大計、萬事之本，周教授除了致力於教學、研究及行政事務，並累積在學術、金融及產業跨領域的豐富經驗，召喚社會更多人文及心靈的探索，筆耕不輟，著作等身，將長期對社會現象的深刻觀察，化為一篇篇精湛的文字，啟發了無數讀者，這正是教育精神的擴大與延伸。

在瞬息萬變、眾聲喧譁的當下，周教授的「一以貫之」，赤忱不減，特別彰顯了他對社會的貢獻與價值。周教授與中油公司有著淵源，之前曾擔任公司監察人職務，相關著作並曾以「永不止息的石油爭奪戰」為主題，深度剖析國際複雜政經關係交互影響下的石油能源走向，足可了解其關切面向之廣、研究著力之深。

這部充滿了人生雋語、智慧火花乍現的著作，個人十分榮幸有機會先睹為快，感受周教授的熱情，更樂意為文推薦，讓我們一起進入「人文的經濟、經濟的人文」世界，悠遊其間。

（本文作者為台灣中油公司董事長）

〈專文推薦〉

產學互動下的經濟與教育

林錫埼

四十多年前，我還是個大學新鮮人。從進入中興大學經濟學系起，才一腳跨經濟學的領域，周添城校長是系上高我兩屆的學長。畢業後他留在學術領域裡發展，曾任母校經濟系主任、所長，之後又擔任景文、實踐與醒吾等三所大學的校長。而我在畢業後進入產業界，七年後創業至今，三十多年來兩人雖然產學殊途，看似毫無瓜葛，但其實我們相互提攜，關係比學生時代更密切。

經濟學簡單說就是對產品和服務的生產、分配以及消費進行研究的社會科學，重點是在研究經濟個體或總體在經濟體系下的行為，以及他們彼此之間的互動。

如今經濟學的觸角越來越廣，分析已不僅限於傳統的商業、金融和政府等領域，連教育、法律、政治、社會架構、宗教、健康、犯罪、戰爭和科學等無一不包，被有些學者諷刺為「經濟學帝國主義」。但也由此可見，任何社會科學都無法與經濟學脫鉤。

國人對教育的第一印象，往往來自至聖先師孔子或亞聖孟子，因此直覺想到的就是「子罕言利」或「王何必曰利」。但經濟學不可能迴避分析利害，以致我的學長擔任經濟系所的教授時，大多數人認為是學以致用；但他在五十歲後相繼出任三所大學的校長，有些人就跌破眼鏡了。

然而從學長這本《經濟學人這樣看教育，談人生》，大家就不得不相信，一個好的經濟學者，不但能參透萬事，若是投身教育領域，尤其是在教育行政方面，更是如虎添翼，事半功倍。他在擔任三所大學校長任內，其中景文及醒吾在他的領導下，都順利改制為科技大學，因此稱他是教育行政裡的「改制達人」，一點也不為過。

本書是他在《經典雜誌》專欄裡的一百篇精華文章。寫作動機正如書裡所說，意在：「以經濟學人的思考探討教育，用教育學家的熱情體悟人生」。針對教育與人生的重要主題，以深入淺出的方式，一一解說背後具關鍵影響力的經濟學觀點。

一九九九年十一月三日，先父林國明突然往生。為感念父親，我用他的名字在母校經濟系成立「林國明獎學金」。之後周校長擔任醒吾科大校長，極力推動實習制度，規劃全校所有四年級學生在畢業前，完成全時的校外實習課程。

產學若沒有互動，教育必然成為無意義的投資。不只浪費家長的金錢，也阻礙國家的進步，但這都還是其次；最糟的應該還是蹉跎了莘莘學子的青春歲月。

從母校經濟系畢業後，我在產業界打拚了三十多年，非常認同周校長的教育理念。因此我在二〇一二年率先捐助成立該校「百萬菁英獎學金」，提供實習有成的四位學生每名獲得二十五萬元獎學金，期望能建立產學之間的良好互動，這也就是母校經濟學系師長們對我們的啟發。

在全球化浪潮的衝激下，周校長用他的「經濟腦」投身教育界，早已成就了豐富成果。透過這本兼具專業知識與人文關懷的好書，讀者一定能更明瞭他的理念；產學互動下的經濟與教育，必然也能相輔相成，齊頭並進。

（本文作者為圜達實業公司董事長）

〈專文推薦〉

獨到的眼光　敏銳的觀察

陳瑞隆

自從十八世紀英國的科學家瓦特改良了紐科門蒸汽機，啟動了工業革命以來，經濟發展無疑的已成為主宰全世界各項活動的主軸，對人類的生活也產生了重大的影響。君不見各國的財經政策必須隨時根據經濟現況與未來的趨勢進行修正與調整，教育也必須配合整個經濟發展的需要，適時培育國家社會所需要的各式各樣的人才，甚至人類的生活也深受經濟發展的影響，人生觀、價值觀等等也隨之作了重大的改變。直到今天，我們如果說經濟活動支配了我們的一生，大概也不為過。

周添城校長是我中興大學經濟系的系友，他是一位治學嚴謹、學養俱豐、理論與實務兼備、觀察力非常敏銳的學者。他的人格特質源自於他深厚的學術基礎，以及長期投入作育英才的教育工作所累積的寶貴經驗。周校長也因此是少數學者當中，能夠以深入淺出的方式，來闡述各項複雜的經濟議題，以及這些經濟議題的背後對我們人生的各個層面所可能帶來的影響與衝擊，而且非常難能可貴的是周校長不吝於及時分享他的獨到見解，先後在《經典雜誌》專欄發表了一百多篇精華的文章，以經濟學人的眼光，深入探討當前全世界所面臨的各項問題與挑戰。

今天城邦文化出版集團旗下的商周出版將周校長的這一百篇傑作彙整成冊，訂名為《經濟學人這樣看教育，談人生》，我認為這一本書不但是政府以及工商界的決策者必讀的著作，同時對一般讀者在掌握未來全球的經濟脈動，培養正確的人生觀方面，一定具有啟發性的作用！我非常高興向各界人士推薦這一本書。

（本文作者為華聚產業共同標準推動基金會董事長）

〈專文推薦〉
教育、人生、經濟

劉天和

我劉天和在四十八歲時罹患癌症，有很特別的人生經驗，病床上我許下心願：「我是被閻羅王放回來的，如果老天爺再給我一次機會，我一定要提供健康的食物給大眾。」之後我創立天和生物投入有機產業至今十餘年，歷經三次重大天然災害，損失慘重，但沒澆熄我投入天然、有機、無毒產業的堅持，一有機會總是不斷苦口婆心地想要帶給人們正確飲食、健康及正常作息的概念。

事業有成不是個人在享受，不是家庭在揮霍，更不是個人的成就，是因為團隊的奮鬥成果，果實一定要與全員分享，回饋社會老天才會再施恩賜福。

我重視學童的人品教育，在國小設立獎學金，不以學業成績作為標準，而以品德模範作為榜樣。我只有國小畢業，只能用人生努力所累積的資本，盡所能地實踐對老天爺的承諾。

周校長是經濟專長的知識家，與我年紀相近，儘管人生經歷不同，但是我們對於下一代教育環境的期許，對年輕一輩與台灣面臨全球化的競爭，應該更勤奮務實，看法一致。周校長將經濟與教育、生活、人生經驗，結合時事，做深入淺出地分享，用不同於一般經濟學家的角度，解析人生意義，在此誠心向讀者大眾推薦。祝福每位讀者闔家健康平安，幸福美滿。

（本文作者為天和生物公司董事長）

自序

周添城

對於學習經濟的人來說，拿專業的這把尺去丈量世界，去臧否社會，似乎是一種戒不掉的習性。再加上，從事社會科學的研究，更經常會對社會現象追根究柢，甚至也常常以政策研擬者的角色去模擬思辨。

這些都是我個人寫作的興趣與動力。

今（二〇一五）年是我自大學畢業，也是進入職場，滿四十年的日子。過去這段時間，我從「學經濟」的學生，到「教經濟」的老師，始終沒有改變的就是經濟學這個專業領域。所以，自然而然就成了一位道道地地的「經濟學人」。

這本書的內容就是自己對財經、商管的理解，以及對人生、世界的感受，所寫的文章。此外，過去四十年的工作，一直沒有離開教育崗位，因此教育也自然成了另一個重要的主題。

書中的每一個題目，也都以自己觀察到的現象作為案例，把自己的觀點陳述出來，作為和社會對話、分享的題材。當然，每一個現象或案例的解讀，都存在許多不同的角度和觀點，每一個人都不一樣，當然也不應該一樣。這也才是多元價值可貴的地方。

近年來，國內各公共政策議題，由於意見、觀點的多元並陳，有些人會因而對台灣社會的發展方向感到迷茫，對台灣經濟的成長動能有所疑慮。然而，如果我們把視野放大，把觀察時程拉長，你將發現：台灣依舊有很強的韌性，台灣依然在很艱難的環境昂然前進。

誠如書中一篇題為：「無可救藥的樂觀主義」文章所說的，這恐怕是我們要有的態度。因為二〇〇八年金融風暴後，雖然在美國的已發展國家有「占領華爾街」，在台灣有「太陽花學運」，在中東地區有「茉莉花革命」，但人類的歷史不會停在這裡，還會繼續向前。這是我一貫樂於和所有讀者共同分享的態度。

（醒吾科技大學講座教授）

經濟學人這樣說財經

1 安倍經濟學vs.李克強經濟學

日本首相安倍晉三組閣以來，面對的是日本長達二十年的經濟失落，為了力挽此一頹勢，拉弓射出「大膽的金融政策」、「機動的財政政策」、「喚起民間投資的成長策略」三箭。由於其方向明確，個人色彩鮮明，因此博得「安倍經濟學」的稱號。

同屬亞洲的另一大國，中國大陸的領導班子在習近平、李克強接手後，同樣面臨經濟發展上的諸多結構性瓶頸，因此總理李克強遂定出「不刺激、去槓桿、調結構」的三項政策方向，也被媒體謂之「李克強經濟學」。

在金融海嘯過後，美、中、歐、日等主要國家，分別採取各種貨幣寬鬆政策，力挽全球免於陷入集體性的蕭條。初步來看，大致使全世界暫時免於此一惡境。不過，隨之而來的是兩大考驗：一是這麼龐大的人為需求刺激措施，如何緩步消退而軟著陸；二是這當中所暴露的結構失衡現象，如何透過結構調整而理順，因此調結構成了大家共同的課題。

經濟學理論的發展當然與所欲處理和解決的經濟議題有關，因此會受議題和對策的屬性、導向所影響。若從經濟學架構邏輯中的供給和需求來思索，或可區分為需求面和供給面經濟學這兩個流派。但這次的議題則是近十年間不斷積累的問題所導致，盤根錯節且難以歸類，或許也是以政治領導人的名字為這些經濟措施命名的理由。

由於這段期間所爆發的經濟失衡現象，肇因於美國金融體系在金融創新的大纛下，大量印製鈔票、過度擴張信用、無限放大槓桿，終致吹破金融泡沫，導致必須以大幅收縮貨幣、去槓桿化等方式才能回復原有平衡。但若要進行這樣的反向調整，所付出的代價將極為龐大，甚至也是各國政府在政治上所無法承受的。於是，在收縮和撙節到一定程度後，雖然以專業上的觀點來看，應該咬緊牙關貫徹到底，但政治上又被迫政策轉向，以致出現原有的撙節政策暫緩或退場的現象。

安倍經濟學和李克強經濟學就是在這樣的背景下產生的。安倍經濟學至少已通過日本國會改選的政策檢驗，取得在四年任期內推展政策的機會，而日圓貶值和寬鬆貨幣也在安倍首相和日本銀行總裁黑田的聯手下，打下國內外的灘頭堡。

接下來則是最複雜的日本國內產業、稅賦制度的變革措施，這既要有大決心，也要有細膩的手段，才能夠找回制度改革的精確度和持續性。至於李克強的挑戰，可以確定的是不走類似二〇〇八年四兆人民幣救市這種大規模的凱恩斯刺激總需求的方法，而是一樣的以調結構為最重要核心。因此在二〇一三年七月下旬的國務院常務會議中，決定推出的七大措施，再度聚焦於「穩增長、調結構、促改革、城鎮化」四項政策組合，可以看出即便要穩增長，也必須同時追求以城鎮化來調結構和伴隨改革而來的增長。這個方向應該是正確的，接下來考驗的則是落實和機運了。

2 政府與超政府主導的全球經濟

面對愈來愈混亂的世代，若要精準扼要地對既有世界的各種現象加以描述，不但愈發力有未逮，甚至現象與現象間還出現相互矛盾、彼此衝突的情形。以此來形容當前各國政府對經濟情勢及經濟政策的影響力，真是再貼切不過了。

政府到底是經濟問題的製造者還是經濟問題的解決者？套句著名英國小說家狄更斯（Charles Dickens）在《雙城記》（*A Tale of Two Cities*）中的名言：「這是一個黑暗的時代，也是一個光明的時代。」這種擺盪在兩個極端的說法，竟又傳神描述了真實現象，讓大眾好生迷茫。

先說全球經濟的部分，由於金融風暴衍生出以美國為主的寬鬆貨幣政策，迫使原本祭出財政紀律的德國梅克爾總理，必須修正立場，向務實寬鬆的立場傾斜。依據二〇一三年德國大選由梅克爾三度連任的結果看來，德國民眾似乎對梅克爾所領導的政府給予正面肯定。事實上，德國也是到目前為止，處理經濟問題最舉止有方的一個大國。

美國的財政赤字一直是個長期難解的問題，不但週期性干擾全球金融市場，甚至成為美國國內兩黨政治運作的「肉票」。這當然加重預算法案作為解決不景氣時財政政策力度的制約，進而使財政、貨幣政策的功能更加不彰。

美國在金融風暴中的角色，一方面是闖禍者，另一方面則是經濟大難題的解題者。就解題者的角度而言，背後隱含著透過「大政府」的慷慨解囊，以承擔可觀的財政赤字，再依序穩定企業盈利、金融資產價格以及實體經濟。

接著，透過「大銀行」的降息和降低準備率要求，以刺激民間放貸。與此同時，全球性的金融監管及證券主管機關，也透過對機構投資人的行政調查，大大提高其在賽局中的重要性。

歷經此番風暴後，美國經濟進入新的「四大」結構框架：「大政府」的擴張性財政政策、「大銀行」的寬鬆貨幣政策、「大監管」的巴塞爾資本協定三（Basel III）規範架構、「大投資機構」的美國證券交易委員會對機構投資人的民事及刑事調查等。由於金融風暴引發出政府怪獸不斷坐大，原本期待作為全球經濟問題解決者的美國政府，所需解決的問題愈難，需要的授權也愈多。因此，更加坐實了大政府的情勢，一旦政府失能，其後座力、後遺症自然也就更難以掌控。再加上政府各角色間充滿不確定性，使影響今後經濟政策的遊戲規則有可能演變成這四大超政府機構間的博奕，甚至出現大政府不再承擔鉅額赤字、大銀行不再慷慨解囊、大監管造成營運風險、大投資人出現難以預測的技術因素等。屆時，這些原本要解決經濟難題的「救世機構」，反而成為最大的風險製造者。美國政府預算案幾次在國會卡關，是一個清楚的訊號：在寄望政府出面解決難題時，政府本身就可能是另一個更大的麻煩製造者。台灣發生於二〇一三年的「九月政爭」即提供了另一個例證。

3 富與強的思辨

「富強康樂」這四個字是過去台灣社會尚處貧窮階段時，國家、社會經常提及的發展目標，其意義是指只要社會富起來，國家就會強盛，自然使民眾享有康樂的生活。經過四、五十年的努力，台灣是富起來了，但是我們這個國家的強盛目標似乎還遙遙不可及。所以，富與強的必然性，恐怕還有討論的餘地。

全球有一百多個國家，可以被稱為強國的數目可能只是二、三，甚至在前蘇聯崩潰後，除了美國外，還真的不容易有第二個國家被全世界公認是一個強國。所以，追求強似乎比追求富要困難得多。過去在冷戰階段，前蘇聯的國防力量可以稱之為強，但其社會卻始終富不起來，最終甚至因為經濟瀕臨崩潰而導致解體，這是一個國強而不富的例子。

日本經濟力量的強大舉世皆知，尤其是在八〇年代，「日本第一」成為顯學，但過去的二十年日本卻深陷近乎零成長的困境，一直到現在才又有了經濟再起的訊號。此時日本社會則瀰漫著一股強烈的強國思維，不但在經濟上蓄勢待發，政治上也一直想抹除戰敗的陰影，在國防上、在國際上急欲以強國之姿登台。從朝拜靖國神社，建立國防軍隊，到成為聯合國常任理事國等，在在表露出由富國晉升為強國的企圖。

任何國家或社會，透過自身的努力，追求富足當然是值得肯定的。必須注意的是，富足的內涵，除了物質以外還有心靈層面，甚至心靈、人文上的富足要更勝於物質。但是追求強盛這個目標，就值得作進一步的思辨。尤其，一般都以國防或軍事作為強國的指標。這個目標或指標對該國或鄰國或區域或全球，究竟是福是禍，恐怕常有許多迷思，也常使一國的發展朝向滅亡而不自知。

鑑往知來，歷史上曾經有過多少強盛帝國，如今安在？這似乎早已說明國防、軍事力量之不可恃。但是繼美國之後，歐洲單一國家規模太小，歐洲聯盟的統制性還待建立，看來只有日本、中國有成為強國的潛力。如果他們在國家發展目標上沒有審慎的思辨，沒有抗拒作為強國誘惑的自制力，一旦把國家資源導入不成比例的軍事用途，則國家強固然強，但，是福是禍就有待歷史來檢驗了。

其實，就算獨強的美國，在應付九一一或出兵伊拉克等事件上，已清楚說明只靠軍事力量，不但解決不了問題，其代價更是驚人：著名學者曾估計美國出兵伊拉克的成本，竟然高達一兆八千五百四十億美元。所以「富強康樂」中的「強」字，恐怕不能憑藉國防、軍事力量，也更需要智慧去理解與詮釋。

4 租稅與羅賓漢

羅賓漢的英雄傳奇和台灣廖添丁故事有幾分相似，這兩人之所以在民間受到尊崇，就是「劫富濟貧」的義行。殊不知，劫富濟貧也正是現代財政理論或租稅制度的濫觴。只是，原本為了劫富而設計的租稅制度，在現實的政治裡，卻成了難以執行的理念，最後非但沒能劫富，反而使中產階級成了承受稅負的主要族群。

租稅制度從帝王到國王，從原本非法律的義務，到如今公民有繳稅的義務，似乎已成為國家與人民間的一項基本契約。早期因供養帝王、貴族，而有了向人民徵稅的必要性外，羅賓漢的劫富濟貧傳奇則提供了向富人課稅的合理性與正當性。換言之，人民須對國家納稅，除了作為政府提供服務的經費來源，包括公共設施的硬體建設和政府職能的軟體設施，另一個很重要的功能就是所得重分配。

近年以來，政府與民間一直在為是否應對低所得者補貼或退稅有所討論。這也是所得重分配或劫富濟貧的案例。早期的租稅原理有很強烈的「量能課稅」機制，亦即課稅之多少取決於納稅人的能力（也就是所得高低）。所以，不但高所得者要負擔高稅負，而且還要採累進的比例來增加稅負，這就是「劫富」的表現。

政府把所收到的稅收，一部分作為社會補助、社會救濟，或者退休、健康等社會保險制度的財源，以此來體現「濟貧」的作為。然而，隨著金錢、財富、資本可以跨國進出後，政府藉由租稅來扮演羅賓漢角色已愈來愈困難。因為，富人大多是企業家，他們的資金最容易跨境運用，如果甲國稅負高，他們就會轉移至乙國投資，各國政府遂競相降稅來吸引投資，也不敢在租稅設計上堅持劫富的理念。

但是，國家的建設、公部門的服務與社會福利，甚至政府本身的規模並未見縮減，也就是政府所需之預算規模不斷擴大，當中可以用作為濟貧的比例卻未見增加，於是為了討好選民，往往以舉債方式來勉強支應濟貧所需，卻不敢在劫富上動腦筋，其結果必然導致龐大的中產階級成了高稅負的實際承受者。

全球化不但使各國政府競相對富人減稅，同時也帶來另一個不利的發展，那就是所謂社會階層M型化，龐大中產階層開始消滅，沒有能力向上提升至富人階層者，就會向下沉淪到窮人階層。

在這種趨勢下，稅負又要由誰來承擔？這恐怕是想扮演現代羅賓漢的政府所遭遇最艱難困境：因為各地都在爭取富人，所以不敢劫富，但需要濟貧的對象卻愈來愈多，看來即使羅賓漢再世，也難以擺平。深層檢討政府的職能與功能，減低其所負的義務，降低對於它所扮演劫富濟貧角色的期待，恐怕才是任何租稅改革前所需要確立的前提。

5 劫貧濟富的救市措施？

二〇〇八年，由美國次級房貸所引爆的金融風暴，甚至更嚴重到被稱為金融海嘯，不但席捲歐美，更向新興國家進逼，使得全球都受到波及，迫使各國政府投入大量資金，不惜成本地採取各種紓困、救市方案，因而引發疑慮。那些闖禍的金融機構由於採取過高的槓桿操作，造成金融市場的恐慌與傷害，結果卻要政府或中央銀行拿老百姓的血汗錢去埋單，不但不公平，而且等於是有錢人捅了紕漏，要全民埋單。

當年大規模的救市措施，確實有「劫貧濟富」的不公平味道，但又有現實中的莫可奈何。因為任何國家都無法承受整個金融體系完全崩潰歸零後，再想辦法重建的後果，屆時，不僅闖禍的金融產業無法倖免，就連循規蹈矩的金融機構或一般產業也會一併被拖下水，造成極大的傷害。更別說，平民老百姓或中下階層也照樣要付出慘痛代價，同樣會造成不公平的財富重分配。事已至此，這就不是單純公不公平或公不公義的問題了。

當然，即便非得投入龐大資產去救市不可，如何投入才能稍稍舒緩其中的不公平或不正義？這個問題也有考究。美國與歐洲的方式就有顯著差別。歐洲政府在投入資金協助金融機構度過難關時，要求受援助的金融機構必須把其股份讓給出錢的政府，使該機構成為國有金融機構，且其經營階層必須換人。換言之，捅婁子的人要被掃地出門，換別人做，同時暫時由民營轉國有。

相反的，美國政府在救援金融機構時，受援助的機構往往以發行債券或特別股的方式交換，部分金融機構之經營團隊也不一定會被撤換。這種方式的不公平、不公義性受到美國國內的諸多批評。這也是當年布希總統第一次提出七千兩百億美元救市計畫時，在眾議院遭到否決的理由之一。隨後經修正並追加到八千億美元以上，修正案才獲通過。美國甚至還批評歐洲政府把民營金融機構國有化，是開倒車的作法。

不過，如果我們把公平、公義的觀點帶進來，不得不承認歐洲（或以英國為代表）的暫時國有化政策是較該受肯定的，因為捅婁子的人至少受到下台的處分，比較有是非、有賞罰。至於，有些人認為該政策會破壞市場經濟的所有權私有化基礎，則有過分誇大之嫌。理由很簡單，因為事出突然、事出無奈，國有化只是過渡性安排，只要金融體系安定下來，再經過必要的整頓與調整，仍然可以把股權向市場釋出，由國有再民營化。

過去的歷史顯示，經由整頓與民營化，該企業之價值必然大幅提高，如此國庫可以數倍回收，若再搭配必要的福利措施來使用這筆溢價收入，亦即以後來的「劫富濟貧」來平衡先前的「劫貧濟富」，也算是遲來的公平與正義了。

6 「油」然生起的分配不均

一般認為市場機制可以帶來資源配置的效率，但是國內油品價格長期以來一直無法以市場來決定，馬英九總統挾著很高的民意和選票於二〇〇八年三月當選，隨即宣布採取回復市場機制的作法。進而在同年七月一日採取油電雙漲措施，自此卻與民意產生嚴重落差，甚至至今都無法撫平。到底什麼是市場機制？市場機制又有什麼侷限？

台灣的能源主要依賴進口，尤其是交通運輸用的汽柴油，其原油幾乎百分之百由國外進口，再經由中油和台塑兩公司提煉後供應給消費者。因此，當進口原油價格上漲，一定會使汽柴油成本上升。此時，國內汽柴油價格必須跟著調漲，否則就背離了市場機制。

汽油漲價使消費者的生活成本跟著上升，同時也帶來痛苦，這即是為什麼許多國家發生民眾示威抗議的理由。既然油價上漲會為民眾的生活帶來痛苦，政府為什麼非漲不可？因為漲價的痛，能有效地強迫民眾節約使用能源。漲價後，民眾紛紛改開小車或換乘公共運輸系統就是最好的證明。如此一來，珍貴稀少的石油才會被珍惜、愛惜地使用，這就是所謂資源配置的效率。

當然，還是有許多國家的政府為了照顧民眾，而採取相對不符成本的低油價政策，就全球的觀點來看，這也是原油總需求居高不下的原因。就原油價格來看，除非原油供應增加，或需求降低，否則價格很難回跌。因此，總體而言，不透過價格的調整，就無法回到另一個新的平衡。這也是價格機制的核心原理。

然而，市場機制固然可以提高資源利用的效率，卻無法百分之百地解決問題。這也就是為什麼有些國家遭遇油價上漲及糧食價格上漲後，不僅引爆了一波波示威抗議，甚至出現搶糧食、囤積油品的現象。以越南為例，汽油漲價曾經導致民眾搶糧食，還引發了三百多起罷工事件，甚至因此造成越南經濟的危機。為什麼提高資源配置的效率反而造成這麼大的抗議與反彈？

這凸顯了市場機制固然可以處理資源分配的效率問題，但也容易產生資源分配過分集中及在不同民眾之間分配不均的問題。古人說：「不患寡，而患不均」，市場機制偏偏不容易處理分配不均的問題。油品漲價使民眾必須認真節約使用能源，但大多只限於經濟弱勢的民眾，富有的階層可能不太受影響，甚至絲毫不受影響。

油品漲價的結果，將使窮困的人在市場機制的調整過程中苦上加苦，社會階層的M型化、分配不均的問題，往往會在資源配置效率化後更加惡化。除非有一個厚實的中產階級作為支撐，否則分配問題的惡化就需要政府祭出其他配套措施來補救。民間機構或慈善機構的種種濟貧作法，也是補救措施的一環。在政府高喊市場機制的同時，也必須重視經濟弱勢者的權益，才不會以犧牲弱勢來成就市場機制。

7 十三億人是資源或負擔？

中國現有人口為十三億。要養活這十三億人，的確是個極大的挑戰，但對其他國家或全世界來說，這十三億人口的龐大勞動力，一旦投入生產，也將帶來極為重大的衝擊。這正是當前全球經濟所面臨的一個大課題，也就是在全球化的浪潮中，如何為這龐大的勞動力創造足夠的就業機會，以良性調節勞動力過剩的壓力，同時既不影響中國，更不影響到其他國家的就業。然而，實際情況恐怕要與此一理想情境相距甚遠。

中國領導人曾說過，政府雖然做了很多的努力，也有若干的成果，但若除以十三億，則人均成果就非常有限；反之，若遇困難或麻煩，雖然個別來看，情況都不嚴重，但只要乘上十三億，其總量就非常可觀。這是治理大國的難處，不過，難歸難，卻不得不去面對和承擔。

沒錯，人既是經濟社會活動的主角，也是生產活動的要素之一，人口眾多既代表生產要素豐富、所得購買力強，但也代表著所需消費的資源、消耗的能源是極其可觀的。這當中需要有一個運作順暢的機制，才可能有良性循環，否則就會產生巨大的難題。

以中國近幾年來在高等教育上的開放為例，雖然紓解了多數高中生的升學壓力，使目前粗估的升學率約達百分之五十五左右，但是龐大的大專學生一旦畢業走出校門，卻又面臨了工作難尋的困境，於是對高校招生名額進行較嚴格的總量管制，又成了不得不然的措施。

十三億人口當然是龐然的資源，也是中國近幾年迅速以勞力密集產業發展，進而成為「世界工廠」的主要原因。這種要素所形塑的比較利益，也在過去三十八年期間，成為中國可以成功吸引外資發展輕工業，賺取外匯，創造就業的很大助力。但是近四十年平均每年經濟成長率達百分之八以上的發展成果，不但會使其國民所得增長及國內需求成長，自然也會帶來許多供不應求的瓶頸，這就是十三億人口由資源轉而成為負擔的情形。譬如，交通建設不足、電力設施不夠等，此外，教育、醫療、金融等等，都可能成為新的瓶頸。

當這些瓶頸出現時，其實也等於又有一些新的機會，等著人們去把握、提供，以滿足市場的需求。如果是工廠可以生產製造的東西，那麼只要批土地、蓋廠房、買設備，就可以日夜加工生產來供應，這就是「世界工廠」的面貌。但也有更多的東西不是短期就可以自行提供的，譬如教育，於是中國留學生就成為全世界最主要的外籍學生來源。留學生的大量出國，使中國成為教育產業最大的貿易逆差國。因此，也促使民間資源（包括外資）願意投入中國教育產業。相類似的，中國本地和外地的資源也大幅投入公共建設、教育、住宅，乃至醫療、物流等等，這些努力如果沒有細膩的規劃，就可能造成劇烈的景氣循環波動。

另外，在由計畫經濟轉軌到市場經濟的過程中，由於工作指派、社會安全福利措施不斷改革，也使過去由工作單位照顧生老病死的制度受到衝擊，其中住房不再由工作單位配給，而是需要自己購買的政策一經確立，各地住宅市場勢必蓬勃發展，據估計未來將有四億戶的住宅需求，這又是拜十三億人口所帶來的龐大潛在需求。

只是，若一味預估到四億戶住宅的需求，而不作細膩的規劃，那又可能陷入經常性的供需失調循環中：基於龐大需求的想像，建商大舉開發土地，興建住宅，造成建材價格高漲、房價狂飆，於是政府不得不採取宏觀調控，結果往往帶來房市逆轉，建商、購屋者套牢的困境。

以上只是舉教育、住房等作為例子，說明要滿足十三億人口的龐大需求可能碰到的難局與困局。這充分說明要理順這麼龐大的人口，使之成為資源而不是負擔，一方面要看智慧，另方面也要看能耐了。

8 中國的自我挑戰

雖然說一國的國內生產毛額（GDP）在表達該國經濟實力或社會福利水準時，有其先天的限制。但在進行跨國比較時，仍然由於其統計方法的便利性及標準化，所以到現在為止，還很少有廣泛被接受的替代品出現。

這也使GDP統計很容易被用來做為各國經濟競賽的指標，在這場賽事中，二〇一〇年出現了在歷史無法抹滅的新紀錄，那就是中國首度超越日本，成為僅次於美國的世界亞軍。然而，這個新興的經濟大國，當時每人平均GDP卻只有三千七百美元，尚不及全球平均八千美元的一半，且是日本三萬九千七百三十一美元的百分之九點三一，是美國四萬六千三百八十七美元的百分之七點九七。

這個現象凸顯出中國經濟所代表的高度不協調：就每人GDP的角度，中國仍然是一個發展中國家，甚至是一個相對低所得的國家；但由於龐大的十三億人口，使其生產毛額總量躍居全球第二的位置。這樣的總量與平均金額的高度反差，正也顯示中國經濟在全球地位中的衝突及矛盾性格：既是世界大國又是世界窮國，其中之不協調也特別嚴重。

無論如何，二〇一〇年時中國GDP首度超越日本是一項具時代意義的指標，中國一旦超越日本就可能是長期超越的開始，而不會很快結束。

中國這一個既龐大又成長快速的國家，在經濟實力上被肯定、受注目，應該是順理成章的事。這樣的實力，在各國間若爆發經濟戰、貿易戰，自然是實力雄厚，絕不示弱。這也是過去一段期間，不論歐盟或美國若對中國給予反傾銷措施，必遭致中國的立即報復。這也是中國已擺脫「百年積弱」的形勢，要向世人證明「中國一定強」的架勢。

除了經貿力量外，中國高速鐵路建設又快又多，也大幅扭轉過去給人的印象。這樣的交通建設勢必改變中國內陸人或貨的運送能量，進而加速城鎮化與都市化，更促使中國人民的生活型態徹底改變，在在可能大幅提高中國的內需，使中國既為世界工廠，又為世界市場，這是至今為止，中國大陸仍持續高速成長的原因，當然後續的挑戰將非常巨大。

然而，在快速成長過程中，也有許多負面效應，包括環境污染的加劇、空氣品質的惡化、都市交通的擁擠，尤其嚴重的社會衝擊將來自貧富差距的變化。鄧小平所稱的讓部分人民富起來的願望，固然已經實現，但那些沒富起來的人，其生活不但未獲改善，甚至已嚴重邊緣化，這應該是躋身全球GDP第二位的中國，今後嚴苛的自我挑戰，且讓我們合十祝福。

9 超越 GDP 的思維

在面臨全球景氣衰退時，如果只以 GDP 作為經濟力強弱的判斷基準，很容易就會被框限住。因為在 GDP 的基準下，政府可以想到的對策就會在 C（消費）、I（投資）、G（政府支出）及 X–M（出口減進口）這五個字母中打轉。最後提出如出一轍的對策，差別僅在金額、幅度之大小而已。同時，為了解決其中一個環節，常常得犧牲另一個環節作為代價。既然如此，如何才能超越 GDP 的框架？

針對這個問題，我們必須先再回到 GDP 本身，這個概念或統計係建立在簡化和加總這兩個基礎上。簡化指的是國民經濟活動需要依其活動主體與目的來做區分：主體包括民間、政府和國外三個部門（sector）；目的則只有消費與投資兩種。兩相交叉原本可分成六個項目，但因為政府和國外部門的需求目的究竟是消費或投資，對本國經濟影響不大，所以又加以簡化而成四個項目，另因國外部門有進口、出口雙向，故有上述五個字母。

至於加總，指的是把國家內的每一個經濟活動主體，即每個個人或家庭，及各級政府與個別不同地區或國家予以相加而得。這當中會出現一種矛盾的可能性，例如著名的「節儉矛盾」所指出，節儉對個人或家庭而言是一種美德，但若每一個國民都厲行節儉，那麼GDP中的消費（C）就會下降，進而帶來GDP的下降、就業的不足、失業的增加。馬總統曾經為了倡導節約，主張節慶不送花，結果引發台北市花農抗議，就是一個例子。

如果以簡化、加總後的GDP來思考，那麼創造就業、解決失業的問題，就很自然會落入英國著名經濟學家凱恩斯的主張，那就是只有透過GDP中的五個總需求項目去刺激及增加需求。這種思維與對策如果只是單一國家採用，也許很有效；但若是面臨全球性，且幅度頗大的總需求下降所形成的不足，即便各國都在推行擴大的財政政策，甚至不惜以舉債來刺激需求，也可能會有杯水車薪之憾。

經濟衰退或失業問題，會對一些家庭帶來難以維生的困境，這部分應該由政府或社福團體予以協助。但對於尚無立即性生計困難的無薪休假或被資遣的人而言，除了期待景氣回復，積極為重回職場做好準備外，重要的是心念轉變。

因為，在失業現象中，有部分只是家庭勞務分工的轉變。過去，三餐飲食或運動休閒大部分因工作關係而沒有時間在家進行。如果因為暫時沒有工作，得自行下廚，因多了家庭勞務且少上餐館外食，這固然會使GDP下降，或許會造成餐廳工作人員的失業。不過，換個角度看，這種現象只是暫時沒工作者回家提供家庭勞務給自己而已。這種GDP的下降是家庭勞務的去市場化，然而這種轉變可能帶來更多的家庭親子時間，只要心念能轉變，甚至可以獲得更好生活品質與幸福，而不是只有所得下降的損失。這種不受GDP所得侷限的幸福觀，或許可以幫助我們在不景氣中有令人驚喜的感受與收穫，同時靜心等待景氣的回春。

10 GDP以外的快樂

被視為「全球富國俱樂部」的經濟合作暨發展組織（Organization for Economic Cooperation and Development）為了彌補「國內生產毛額」（GDP）這個總體經濟指標的不足，在其成立五十週年之際，推出「美好生活指數」（Your Better Life Index），希望這個更完整、著重於「人民福祉與生活」的幸福指標，成為今後各個國家發展的新方向，避免因GDP的限制而窄化了國家政策。

經濟合作暨發展組織簡稱OECD，現有成員三十四國都是世界經濟發展名列前茅的國家，因此有富國俱樂部的稱號。其成立於一九六一年，總部設在法國巴黎，取代為執行美國援助的馬歇爾計畫而成立的歐洲經濟合作組織（OEEC），當初設立時的主要宗旨是為二次大戰後歐洲重建與促進全球經濟發展，成為引領全球經濟發展的領航員。

「國內生產毛額」或「國民生產毛額」（GNP），代表一國所得或生產總額的變數，已成為當前各國用來比較經濟發展成果，及政府制定經濟政策重要且共通的指標。這樣的指標當然有其重要性和意義，但也造成了明顯的限制與可能的誤導。譬如，GDP過分重視有形的量化產值的概念，無法探索人類生命和生活素質的實際變化，更無法處理生產或市值增加之後所導致不利於生活素質或幸福的活動，例如，因為商業生產所帶來的污染或國防產業的擴張等。

同時，GDP也明顯受限於物質生活的面向，對於人際互動、健康、關懷等均未納入評估。更嚴重的是，當GDP幾乎成為經濟活動總成果的唯一指標時，經濟政策自然也就聚焦或簡化到生產或量化的面向，而忽視了在生產或量化以外的努力成果。這樣的結果，可能正好與人類社會的幸福背道而馳。

GDP指標的缺陷早已載明在教科書中，只是如何彌補，卻未見具體作為。二〇一一年，OECD在慶祝設立五十週年之際，把歷經數年研究，用以衡量人民福祉的方法，由諾貝爾經濟學獎得主史提格里茲（Joseph Stiglitz）教授提出成果報告，希望有所突破與貢獻。

史提格里茲教授所提出的「美好生活指數」，涵蓋了十一個領域：居住、收入、就業、社會關係、教育、環境、政府組織、健康、普遍滿意度、安全以及家庭與工作間的平衡。從這些領域即可看出OECD的企圖，也可以看出其在全球經濟發展變遷中所扮演的領航員角色。經濟發展指標的設立，具有引領政策並促使各國政府間進行政策競爭的功能。

多面向指標的建立，可扭轉過分單向、片面指標的失衡。GDP這種「唯成長論」下所導引出來的指標，已經造成部分國家為了所得犧牲一切的偏頗發展。中東國家陸續爆發的茉莉花革命，不正凸顯了部分國家施政上的偏頗？經由OECD的引領，如果能夠將新的「美好生活指標」推而廣之，不僅可以促使各國政府的施政落實於廣大民眾及不同階層、不同面向的需求，國家發展也才能兼顧平衡與和諧。總之，新指標的建立與推廣，希望能夠幫助我們找回GDP以外的幸福與快樂。

11 經濟「金融化」也是一種病？

台灣從一九八〇年代斷斷續續朝向經濟自由化的方向發展，基本的大方向是正確的，只是還要在速度與幅度上調整與修正。這當中，金融作為經濟活動的重要成分以及策略槓桿，金融自由化既是經濟自由化的一環，也深具槓桿作用。因此，金融自由化似乎可與經濟自由化劃上等號。

但是自從次級房貸危機所引發的泡沫破滅之後，當前的觀點已經不再把金融自由化視為是支持經濟發展無條件的前提。換言之，金融固然有助於槓桿起整體經濟，但若處理不當將產生極大殺傷力。

也由於這個槓桿作用具有倍數性效應，它在經濟的順、逆境時所帶來的影響並不是等比例的：順境時固然有正向倍數性的擴張，逆境時的等比例收縮，卻可能引發整體經濟的翻覆，而使總體經濟發生風暴般的危機。

這是二十一世紀初，人類經濟社會在付出慘痛代價後所學習到的教訓，但遺憾的是，人們對於如何趨避卻仍然沒有頭緒。從政治經濟學的角度得知，金融部門在倍數擴張期間所獲取的不合理超高報酬，蓄積了龐大的政策遊說資金，使得「近似有毒」的金融資產，竟可以在層層質疑聲中，依然在法律的特許下繼續與社會保險制度、金融創新共存，也持續讓金融體制像顆不定時炸彈般地威脅著全球經濟。

在二十世紀時，金融伴隨經濟的成長而發展，是一個令人讚嘆的現象。因而有所謂「金融深化」（financial deepening）的論點，基本上這是一種正面的看法。但在歷經風暴之後，現在則有所謂「金融化」（financialization）的另一種說法。這是指金融市場、金融機構、金融菁英，對經濟和社會其他結構體（包括政府）影響力增強的整體現象。其結果往往造成金融菁英在財富增加的支持下，說服政府把國家前途押注在金融業上。

以上現象曾經在十四世紀的西班牙、十八世紀的荷蘭、十九世紀末到二十世紀初的英國發生。本世紀初由美國次級房貸所引爆的金融風暴，以及至今仍未完全解除的歐債危機，背後都有這種「金融化」的陰影。

其實，造成這麼大風暴的道理並不難理解：所謂高報酬，必然隱含高風險。只是這些高風險被複雜的計算給包覆住，沒有深厚的計算能力是無法破解的。但全球的財富卻因分配的惡化、M型化及龐大退休金的累積，反而導引到去承受高風險。

這些歷史案例更說明，高報酬被聰明的金融創新者所獨占；到了高風險暴露時，則由多數「無知的」投資人承受。由於大到不能倒的倍數效應，絕大多數的損失往往須經由政治手段轉而由政府來承擔。

闖禍的聰明人士或金融專業人士，會在意想不到的短期間內又重出江湖。甚至，因為金融泡沫的破滅，在政治上又祭出許多救市政策並且動員遊說資金。這當中，往往使闖禍者再次以救世主或救市主的身分出現，獲得名利雙收的結果，這就是經濟「金融化」的故事。這樣的故事就像當前電影業的流行趨勢一樣：有拍不完的續集。

12 金融改革可以期待嗎？

掀起金融風暴的美國投資銀行雷曼兄弟的相關調查報告與決策人士的日誌出書發表之後，再次顯露出這場引爆全球金融體系風暴的事件，的確很值得金融界人士省思。另一方面，金融風暴才剛過不久，這些國際級投資銀行高階幹部的高薪又恢復了，以「肥貓現象」對照他們所引發的大海嘯，真讓人喟嘆。

在長達兩千兩百頁的美國破產法院對雷曼兄弟倒閉事件的調查報告中，完整揭發雷曼前高階主管和安永（Ernst& Young）會計事務所審計員，如何利用附買回交易（Repo，是指金融機構發行金融商品，約定到期由該機構買回的一種契約）隱藏資產負債表上的債務，引誘投資人上鉤的手段。這正如當年安隆與世界通訊等金融醜聞案類似，都是利用會計作假所致。安隆案把全球第五大會計事務所安達信（Anderson）整垮，這次雷曼兄弟對安永帶來多大傷害，就看這份調查報告會引起什麼程度的法律訴訟與後續案情的發展而定。

雷曼兄弟倒閉時，美國財政部長正好是出身華爾街的鮑爾森（Henry M. Paulson Jr.），他也把自己如何搶救這些投資銀行、商業銀行的心路歷程，以《崩解邊緣》（*On the Brink*）為名出書。敘述從二〇〇八年九月十二日晚上七點到二十日晚上九點三十分這將近兩百小時內所遭遇到的種種艱辛。最後，因英國政府不同意英國巴克萊銀行收購雷曼兄弟、中國政府也對收購摩根士丹利興趣缺缺，導致雷曼兄弟宣告倒閉，摩根士丹利與高盛也由投資銀行轉為商業銀行的金融控股。

世事難料，鮑爾森接掌美國財長之前，就在華爾街排名前幾名的投資銀行擔任CEO。然而，美國金融霸權的先鋒部隊卻在他的手上玩完了，一場金融海嘯把美國前八大投資銀行完全震垮。二〇〇八年九月十五日雷曼宣布倒閉後，十六日，美國金融界的短期拆借市場立即出現五百億美元的資金缺口，隨後即擴大到八百五十億美元。使得全球資金流動性急凍，掀起一場金融海嘯。除了美國投資銀行連番陣亡外，還花了許多時間處理美國國際集團（AIG），以及連帶波及其他各國主要金融機構，真是空前的浩劫。

原本預測可能引發類似一九二九至一九三九年大蕭條的金融海嘯，卻在各國央行極力挹注貨幣的救市措施下，僅一年多的時間就呈現回穩。根據媒體報導，二〇〇九年高盛集團給執行長貝蘭克凡（Lloyd Blankfein）的紅利，總值達九百萬美元，這位執行長在二〇〇八年的紅利是六千七百九十萬美元，二〇〇七年則為五千三百四十萬美元。此外，整個美國銀行界在二〇〇九年發放給員工的「紅利部分」為六百五十億美元，相當於台灣當年GDP的六分之一。捅了這麼大的婁子，造成全球經濟這麼大的傷害，其中還有作假帳的可能弊端，結果紅利竟達這麼驚人的水準。這樣的產業一定在什麼地方出了問題，這也是今後金融產業必須改革的地方。

13 興衰一念間

當前的全球金融、經濟情勢一直還受到二〇〇八年美國次級房貸所引發的金融風暴之後續影響，這場來得突然的風暴，固然未釀成像上世紀三〇年代大蕭條的局面，但對全球經濟與景氣帶來了海嘯般的傷害。一時間全球景氣衰退、股市與房市大跌，各國均嚴陣以待應付節節升高的失業率。然而，悲觀的論點與情緒似乎在不到一年的時間就有了些轉變。到了二〇〇九的年中，連最保守的人也同意，大致上最壞的階段似乎已經過去了。這似乎是一場來得快，去得急的風暴。但是由於採用過激、非常寬鬆的貨幣政策，以致於連帶引起歐洲和亞洲新興國家的連鎖反應，迄今還未完全平復。

回顧當年的情況，那場景氣衰退可以說來的既快又猛，幾乎使全球陷入一場空前的悲觀氣氛。由美國金融市場爆發問題，不但迅速蔓延到全球各地的金融市場與產業，同時逐漸擴散到其他產業，繼而又因資產價值下跌、失業增加而影響到家庭所得及消費。回頭自然加深全球貿易與需求的萎縮，並迫使各國政府使出渾身解數擴大財政支出來因應。

在當時景氣衰退的氣氛下，沒有人敢說衝擊已經過頭了，然而衰退必有時而盡，遲早會觸底反彈。或者說，景氣的榮枯或興衰，原本就有起伏上下，金融海嘯是一個天大意外，即便如此，任憑長夜漫漫仍然會有朝陽再起的時刻。不過，置身於景氣大衰退的當下，世人往往難以接受這些大自然或社會中必然的興衰定律，反而相信長夜無盡，無法突破黑暗再見曙光。

然而，當時就因為各國央行連續調降利率，各國政府舉債擴大內需，經過半年左右的積累，民間資金水位又上升到一定水準，投資人回頭一看，原本棄如敝屣的資產（例如股票或房地產），其價格相對而言，已經太便宜了，自然反賣為買，於是原本任憑政府如何呼喚都不回頭的信心又悄悄地回來了。

當然，接下來的爭論是：那現象到底是「有基之彈」，還是「無基之彈」？究竟是反彈，還是代表景氣已經回復？市場急單出完後，會不會又跌回之前衰退的情形？當時，若要準確預測景氣的變化實是對專業的嚴格考驗。不過，此處要探討的是，所謂市場信心的脆弱與堅定，其實只存乎一心。悲觀與樂觀之間的距離並沒有想像中的遙遠，甚至就在隔壁或一線之間。

經驗法則早已清楚告知，供需失衡必然引起價格的調整，不但方向是可預測的，而且傾斜愈大，反彈愈大，反彈所需時間也會愈短。但是衰退陰影下，這些市場法則與定律似乎都暫時停止運作，大家寧可相信市場仍然會繼續傾斜，黑夜會繼續存在。

有趣的問題是：究竟什麼因素與力量會導致信心改變及信念移轉？一旦信念移轉，一切的發展就會逆向而行，價格反彈將導引資源趨向另一方向傾斜。同時，信念的轉變還要由個人向群體作輻射、擴散，才會使市場的天平啟動平衡的功能。那麼，從極端悲觀過渡到樂觀的群體心理又是如何發生的？這難道不是「立地成佛」的一種典範？難道不是善惡存乎一心的具體例子？所以，面對難以預測的未來，請護持心中的這一念吧！

14 匯率政策像化療

在兩岸間作生意的人，一直都受到匯率變動的影響。而且同時會受到三組匯率的影響：美元對人民幣，美元對港元，美元對新台幣。由於人民幣與新台幣都沒有在國際間正式掛牌，所以三種幣別間的兌換比率，就更顯得複雜多變。尤其原本幣值較人民幣高的港元已經逆轉，反而比人民幣低了，這種變化趨勢正困擾著多數台商。

匯率這個價格或變數，原本在二次大戰後的設計，主要就是國際貨幣基金原始建置的構想，那就是要採行非常穩定的制度，也就是所謂美元本位制度，先讓一美元與黃金維持固定兌換比率，再設定各國貨幣與美元的兌換比率，這也是間接的金本位制度。這種固定匯率制度有一個好處，就是免除了國際貿易間匯率波動的風險。

然而經過上個世紀七〇年代所發生的石油危機，使得國際間主要貿易國家出現貿易結構性失衡，也使原本的固定匯率受到衝擊，現在全球大約有三分之一的國家改採浮動匯率或管理式浮動匯率。同時匯率究竟要升要貶，也常常成為國與國貿易爭議的熱門問題，二〇一五年，人民幣較大幅度的修正，照例引起美國的不滿。不過這次中國人民銀行的行動，包裹在更市場化的人民幣匯率調整機制中，總算挺過來了。

不管怎樣說，中國大陸對美國每年享有大量的貿易順差，美國國內自然有許多人會對人民幣升值有所期待，最後就演變成兩國的經貿外交議題。這種情況與台灣八〇年代的情況相近。一九八六年台灣對美國貿易順差高達一百八十億美元，美方要求新台幣升值的壓力始終不斷，最後迫使台幣緩慢升值，由一美元兌四十元新台幣升到二十五元止。

新台幣貴了，自然會抑制大量貿易順差，但間接也會造成複雜而連鎖性的衝擊：進口增加而出口減少或成長緩慢，這就是迫使許多台商外移的原因。經濟條件比較差的地方往往會先受影響或衝擊比較大。中國的經濟規模相較台灣大得多，沿海地區或中部地區的人民幣或許該大幅升值，但西部地區反而可能不應升而應該貶。但算總帳則統統升值，結果必然使愈落後的地區衝擊愈大，台商外移先由中南部開始，新竹科學園區則反而更加興旺，就是一個例子。

所以匯率的升貶影響是全面性的，但衝擊反而會造成強者愈強，弱者愈弱的結局。這好比用化療去對付癌症，往往造成好細胞、壞細胞同受破壞，結果卻經常出現好細胞敵不過壞細胞的情形，這就對生命造成致命的傷害。匯率政策之為難正在於此。

15 經濟走勢像LV？

全球經濟走勢變化多端，因此許多機構企圖利用簡單圖型來說明景氣變動的可能路徑。國內《經濟日報》社論便曾以單一英文字母來形容經濟景氣若向下調整的各種可能，既簡單又傳神，在此加以引述。

例如，未來經濟復甦的態勢，有樂觀者以V字型來描述，此派認為景氣即便下跌，但來得快反轉亦快，不必太過擔憂。至於不那麼樂觀者以U字型來描述，此派修正了樂觀派的看法，認為景氣下滑幅度固然較緩和，但回復力道亦然。

接著，非常悲觀者則以L字型作代表，意指景氣不但快速下跌，而且停留在谷底的時間漫長，一九三〇年代的經濟大蕭條就屬這種型態。除此之外，還有一種狀況是景氣快速下跌後，雖然也迅速反彈，但是成果無法保持且再次震盪，因而呈現W字型的波動。

自金融風暴之後，各國政府為了救市，採取極度寬鬆的貨幣政策，這可以美國聯邦準備理事會（聯準會）所施行的量化寬鬆（QE）措施為代表。此一措施固然使美國避免重蹈三〇年代大蕭條的覆轍，但連帶也引發過多通貨造成不動產或證券等金融資產價格的上漲。這不但引燃新一波所得和財富分配的不均，而且也造成實體面和金融面的脫軌表現。甚至，實體面呈現不景氣的L字型，但金融面則每遇寬鬆貨幣就迅速反彈，形成實體與金融背道而行的型態，則被稱為LV型。

以上種種看似有趣的景氣走勢，充分說明全球經濟的多樣難測，而且各種型態還會交叉出現，甚至激盪出更複雜的複合型態，LV型就是一例。這種複合型態，可以用來說明美國這個經濟體其實體與金融落差的現象；也可以用來說明美國、歐盟這兩個經濟體在同一時間的相對表現。那就是美國實體經濟愈來愈明顯恢復元氣的徵兆，因而具備V型的雛形；但歐盟似乎還深陷L型的困境，這或許是另類的LV。

其次，包括中國在內的亞洲經濟區塊，也是錯綜複雜。中國明顯在L和U型間掙扎，再加上全球經濟展望朦朧不清，連帶也使全球和亞洲的成長引擎有熄火隱憂。

至於日本首相安倍的三支箭固然已發，但要脫離L型態進入U或V型態，似乎需要更多的祈福與運氣才有機會脫困。

東北亞的另一個強悍經濟體南韓，可能將面對再次的考驗，那就是高度依賴如三星這種由國家資源扶植的超大型民族企業集團，能否以持續創新規避資源過分集中在智慧型手機的陷阱，以及政府產業政策轉向中小企業能否拉動經濟的諸多考驗。

其他如拉美地區的巴西，人口眾多的印度、印尼，同時歷經大選，選出了至今人氣仍然非常旺的候選人。他們能否通過考驗，帶領「雙印」走出新局，值得後續觀察，由於這些國家的量體大、規模大，連帶使占全球經濟與全球貿易非常高比重的經濟體，同樣也面臨高度的不確定性，以上各因素在在考驗全球經濟景氣的未來走勢。

16 貧富不均已成「新常態」

二〇一五年，歐巴馬所主導的美國經濟表現似乎有苦盡甘來、漸入佳境的現象。他在國內的聲望雖有回升，但是水準仍低，其原因主要是經濟成長的果實大多流向富人，伴隨而來的是更大的貧富差距，所以他在國會所提的最新國情咨文，才會明確指出要對富人增稅這樣的政策主張。

事實上，在進入網路世代之後，人類社會一直存在且有愈發結構化傾向的正是所得分配的問題。同時，這個問題還不是某一個國家或地區的特例，而是一種接近「普世化」的現象，甚至可說是另一種「新常態」。因此，接下來一段時間，各國相關政策，恐怕都會環繞這個議題，台灣內部的政治和政策氛圍亦然。

「新常態」這一個名詞的真正出處，恐怕已不可考。不過，在美國有「債券天王」稱號的葛洛斯（Bill Gross），之前在對媒體的自白中表示，他是被老東家全球債券基金龍頭——太平洋資產管理公司（PIMCO）炒魷魚的。主要原因就是他過去一段時間的操盤，一直相信有「新常態」的現象，亦即當全球金融市場去槓桿化後，經濟成長率連續下滑，將成為左右全球經濟的大趨勢。他也就根據這樣的判斷，推論出新常態下的投資原則與策略：亦即經濟低成長、低動能的現象將維持，量化寬鬆注定失敗收場，所以債券市場將引爆違約危機。

在這樣的判斷下，大幅減少債券持有部位，就成了天王不變的核心投資價值。不幸的是，他的預言失準，美國經濟表現強勁令人驚豔，債券投資迄今仍然是正確的。葛洛斯的經濟低成長預測要成為長期存在的常態，似乎還未能定性下來。

本文所想討論的並不是債券市場發展的榮枯，而是更深沉的社會結構問題，那就是所得分配。亦即經濟成長和所得分配這兩個重要的目標，是不是可以並行不悖？

這在人類經濟發展史上，也是一個令人長期困擾的問題，即透過制度的設計和政策的努力，兩者能否兼得？還是既富且均這種企圖終究是天邊的彩虹而不可得？這個理想看似曾經被處理過，共產主義和資本主義先後曾經看似已把人類社會帶到非常靠近均富的境界，不幸的，共產主義卻在極短時間崩潰、淘汰，隨後資本主義或各種改良式資本主義，則被宣告是經濟制度競賽的勝出者。

然而，這個勝出者享受桂冠的時間卻極為短暫，大約也不過是半個世紀而已。伴隨著資通訊科技的使用，此種技術創新所引發的成果分享機制，又重重衝擊原有所得分配的老問題，亦即當代的發展是不是再度使財富的分配陷入嚴重惡化的情況？

不幸的，答案恐怕是肯定的。

當代法國經濟學家托瑪．皮凱提（Thomas Piketty）的《二十一世紀資本論》（*Le Capital au XXIe siècle*），就是嘗試為這一個制度性、歷史性的大哉問找到答案的一本著作。鑑於貧富不均這一個問題的盤根錯結，或許將之視為「新常態」，耐心地去梳理和剖析，才能找出其深沉的結構原因，並試圖找到治本之道。

17 預支未來的雙赤字

任何市場若發生「入不敷出」，就是處在赤字的狀態。具體常體現在政府財政收入不足於因應財政支出的「財政赤字」；以及出口貿易所賺取的外匯不足以因應進口所需的「貿易赤字」。若這兩種赤字同時發生，就是「雙赤字」，而美國近二十年來，似乎一直處在這樣的困局。為解決這個「雙赤字」問題，美國政府可能會採取讓美元貶值的方式來因應。既然政策會使美元貶值，市場的買賣雙方就會採取一致的看法，於是各地賣美元的多，買美元的少，於是美元走貶就成了必然。

美國經濟在全球經濟中扮演舉足輕重的地位，它的榮枯影響其他國家的榮枯，它的政策牽動其他國家的政策。每當美國聯準會不斷降息時，各國也只好跟進；每當美國不斷升息時，各國似乎也不能不採取相同政策。一旦美國想要面對它的國內外問題，並且採取對策時，各國似乎也只有嚴陣以待，深怕因應不當，就會遭遇極大的經濟難題。

美國發生「雙赤字」問題並不是頭一回，一九八〇年代即曾面臨過，當時大家都認為這種困境很難以有效處理。但是民主黨的柯林頓總統硬是在他八年的任期內把財政赤字問題給處理了，甚至還產生財政的盈餘而讓接手的布希總統有了減稅的籌碼，殊不知才四年的執政，又把財政情況給逆轉。一直到接任的歐巴馬總統，兩任八年依然無法扭轉此一局面。

所謂的雙赤字係指財政入不敷出，也就是政府需要向民間舉債，但是美國人一向儲蓄率不高，民間借不到，只好向下一代借或者向外國人借，如此一來國際資金向美國移動，使得美元升值，也使美國出口不利，進口有利，進而帶來美國對外貿易出現逆差。也就是說，當一國的幣值被高估（升值），那麼該國產品在海外市場的價格就會提高，則出口競爭力會下降；反之，進口商品的價格會相對便宜，一來一往間，貿易就會出現入超，使得美國人可以用比較便宜的代價去使用外國的資源，這也是美國之所以向外國人借貸的意義。當然，美國向國際舉債的項目也包括外國人所認購的美國政府公債，顯而易見，這些公債必須由後代子孫償還。總之，美國的雙赤字，導致美國超額使用資源是必然的現象。

換言之，世界經濟成長的主要動力來源，是依據美國向外國人、向下一代舉債的過度消費來支撐。這種情況可存在於一時，卻無法長久維持，因為這會使美國就業機會不斷萎縮，進而影響到經濟的正常運轉。一旦美國想處理雙赤字，那麼美元貶值，資金外流都是可以想見的情境，於是一場全球經濟、金融的調整就跟著發生，其中必然有人受益，有人受損；有產業獲益，有產業虧損；有國家得利，有國家蒙損。這些因因果果的循環，週而復始，任誰能參透？

18 懷璧其罪

二〇〇四年所發生的南亞地震、海嘯帶來了數十萬人的傷亡，令大眾記憶猶新。在當年十二個受災的國家當中，印尼不但是大地震的震央所在，亞齊省更是受創最嚴重的地方，但印尼卻是第一個對外國救援部隊下逐客令的國家。難道印尼政府真的有能力獨力處理、解決此一世紀大天災所帶來的破壞？答案當然是否定的。那麼，這難道是印尼政府不顧災民需要，而採取鎖國政策？答案也未必。真正的原因可能是因為亞齊省擁有豐富的石油、木材等天然資源。

其實，早在大地震與海嘯發生之前，亞齊省即長期處在獨立運動所造成的戰亂中，可以說是生靈塗炭。為什麼會這樣？答案還是因為豐富的天然資源所導致的經濟壟斷。

大家都知道在石油輸出國家組織（OPEC）當中，探勘出石油蘊藏量後來居上的一個國家就是印尼，連帶的其豐富的天然氣，也成了台灣主要進口來源之一。這個地方過去就曾因為物產富饒而獲得良好的開發，但在證實其擁有豐富的石油蘊藏量之後，反而未見其利先蒙其害。為什麼？

最主要的理由就是，印尼前總統蘇哈托為了壟斷石油資源，作為其掌控國家乃至掌控當地經濟資源的手段，所採取的並不是積極開發，而是排除外資進入，反將開採權力交由自己的家族來控制。如此一來，不但使當地開發落後，也把可能帶來開發動力的外資排除在外。在這樣的政策下，人民不但無法因資源富饒而受益，反而成了受害者。再加上宗教、種族等因素，遂使亞齊發起獨立運動，與政府軍長期對抗，內戰連連。

這種因坐擁豐富天然資源卻反而不利經濟發展的例子，在中南美洲地區比比皆是，甚至還成為經濟發展學門中「依賴理論」的濫觴。主要原因是，這些國家因為擁有可依賴的資源，在國家需要時，只要開採些資源就能輕易換取所需的外匯，自然就少了犧牲奮鬥的動力與壓力；另外，既然擁有豐富的資源，自然容易吸引外資前來開發，為當地帶來繁榮，只是這種繁榮往往會在資源耗竭後煙消雲散，徒留一場繁華夢。

台灣過去就因資源貧乏，反而能夠勤奮向上，開發珍貴的人力資源，創造經濟奇蹟。對照印尼亞齊因資源富饒，卻引來戰亂人禍，甚至導致政府對外來援助下逐客令，真與古老典故中的「懷璧其罪」如出一轍。其實，世間財的追求與擁有，不也有這種可能嗎？

19 誰在為錢多所苦？

錢多好辦事，這句話對一般人而言，可能不會有任何疑慮，但是在許多現實的案例中，不但不成立，甚至還真的發生許多反例，一再驗證了「錢財身外物」的說法。錢多是不是好辦事？端看我們怎麼去使用它、運用它了。

錢多有什麼害處？錢多有什麼辦不好的事？

你知道嗎？國內稍具規模的銀行，近年來一直為錢多所困，尤其美國聯準會所掀起的數波量化寬鬆措施，以及因而擴散到歐洲及其他地區的連鎖反應，都可以感受到其餘波蕩漾的威脅。所謂的「爛頭寸」就是銀行吸收來的存款，若不能善加利用，放在自家銀行，則不但不會生息，還要付利息，結果成了銀行的負擔。一般人或企業，要是把錢存起來，算是一種資產，但面對存款人時，銀行的錢則是負債，這種錢一多又不能善加利用，譬如放款或投資，其結果就會成為負擔，這種錢多又怎麼好辦事？

銀行一旦有「爛頭寸」，就會出現拒絕或不歡迎存款的現象，如此一來，擁有龐大現金的企業或個人就會頭痛不已。國內有許多大型知名企業，尤其是一些有地位的上市電子公司，過去從資本市場取得龐大資金，也經常面臨坐擁大量現金的苦惱。尤其在銀行無法充分運用資金的前提下，也會受到連帶影響。

過去，這些上市公司因為從資本市場取得資金容易，也就利用增資的方式，印股票換鈔票，使得滿手都是現金。在景氣好的時候，公司可以不斷擴充規模，或者是到處投資。

如今，景氣不佳，規模不能再擴大，轉投資也經常出現失敗的案例，於是在投資上變得保守，使得手頭上擁有龐大現金，成了沉重的負擔。因為股東把錢交給公司，股本就會擴大，公司就必須將本求利，賺取更多的報酬來回饋股東，否則股東一旦不支持，股價就會下跌。此時現金再多，若不能獲利，甚至連想存在銀行都被拒絕，或者利率幾近於零，試想壓力、負擔會有多大？這些現象豈不說明錢多未必好辦事？

又有人說，「有錢不一定萬能，但沒錢則是萬萬不能。」這話或許比有錢好辦事或錢多多益善更真實些。不過，實例仍然未必如此。

市場上也有許多相反的例子或說法，認為只要有好點子，不怕沒有錢。是的，經濟市場中只要有好的創意，就可能募集到資金去實現夢想，看來，錢財的重要性真的是其次，最重要的是創意。晚近以來，國內外的許多創客案例，或群募平台的興起，都提供了有力的例證。

20 管錢的，難

號稱全球最有權勢的人，美國聯邦準備理事會主席，二〇〇六年由在位甚久的葛林斯班（Alan Greenspan）交棒給學者出身的班恩・柏南克（Ben Bernanke）；二〇一四年再由班恩・柏南克交棒給珍妮特・露意絲・葉倫（Janet Louise Yellen）。由於美國聯邦準備理事會（聯準會）就是美國的中央銀行，不但掌管全美國的貨幣政策，同時由於美國的經濟力量，以及美元在全球扮演的關鍵地位，使得聯準會的一舉一動都牽動著全球金融市場，因此當今這位聯準會成立一百年來的首位女性主席也備受關注。

對個人而言，你可以愛財，可以不愛財。但是，對國家而言，卻必須好好愛財、理財，最重要的是要管好錢，否則錢管不好，不但國庫財政可能出問題，更嚴重的是錢過多、太少都可能會對社會帶來災難。政府是一個法人團體，因此也會有收支的問題，國庫稅收與政府預算就形成財政問題，若財政長期出現赤字，入不敷出，或者稅收的分配不公平，預算支出不符合人民社會的需要等等，經常會引起討論與爭議，要做到盡如人意，難。這是政府理財的一面，通常由各國財政部掌管。

至於中央銀行的「管錢」，卻又是另一種道理。它所管理的是流通的錢財（貨幣），既不能太多，又不能太少。整個社會的錢不是多多益善，愈多愈好嗎？答案是錯的！因為錢太多可能帶來物價上漲、通貨膨脹或者是泡沫現象。所謂錢多了就會變薄就是這個道理。那麼，把錢管得緊緊的，是不是就一定好？答案也是否定的。因為，錢少利率就會高，資金成本高，就會打擊投資意願，經濟就無法成長，接著就會影響就業機會，形成失業。

根據以上的說明，我們就會發現：管錢的，還真是難。要把錢管理得既不多也不少是難，更難的是怎樣算多怎樣算少還沒個準，只能由一些指標來判定，既要符合科學，還要有經驗和膽識。因為當發現錢多了，通常當時的經濟必然是欣欣向榮的，此時要踩煞車，必然要有相當的勇氣與膽識。反之，當發現失業率提高，景氣遲緩時，想要放寬貨幣，可能已來不及。

除了上述的難處外，在全球化的趨勢下，管錢的難度又大大增加，因為外國錢會跑進來，本國錢會跑出去，這一進一出之間，不但會造成匯率、利率的波動，回頭又會進一步引起錢多錢少的問題及利率的變動，而使金融市場一直處在動盪不安的情形，這就又加深了管錢的難度，可見各國中央銀行或美國聯準會的難為。不過，難為還是要為。管自己或政府的錢還算容易，頂多只是發生了赤字、不足，經過節衣縮食後還可以恢復平衡。至於管社會大眾的錢，稍一不慎就可能使全民因物價膨脹、資產泡沫化或失業而受苦連連。這種既不能不管，又很難管的事，世間還真不少！

21 經濟學的翻修或崩壞

愈來愈多的現象直指，當代經濟問題已經沒有辦法用當代經濟學來處理。因此，除非經濟學進行結構性大翻修，否則恐將面臨大崩壞的壓力。

傳統經濟學主要建構在市場機制這隻「看不見的手」，來進行資源的調配，省卻人為的價值判斷，而且竟然可以達成效率提高的結果。這樣的成果自然受到肯定與讚賞，這也是兩百多年來經濟學成為社會科學中重要支柱的原因之一。

然而，進入二十一世紀，愈來愈嚴重的社會所得分配不均的現象，已然成為社會安定的一大威脅，甚至也是當前公民運動的主要激發點與衝突點。也許是過去兩個多世紀所形成的市場價值體系與市場機制的思維已相當根深柢固，所以一下子要取而代之並不容易。

但從各項公民活動與意識的興起，可以清楚體會到人們對所得、財富分配的不均，以及這種不均的體制化、世襲化，已從不安進入不能忍受、不願接受的地步。

面對這一趨勢，固然有愈來愈多有錢人作出反省，也採取若干行動。但從資本、勞動相對報酬的差距持續擴大，資本市場有利於槓桿操作等既存機制，看來現有體制短期內將難於翻轉。因此市場機制即便能帶來有效率的分配結果，卻也愈來愈不被民眾所接受。

這也凸顯當代經濟學的一個偏頗：重效率而輕分配，更不用說要有分享的意識與作法，而這正是今後必須正視與學習的課題。所以，面對未來的挑戰，當代經濟學應該大幅提高所得、資源分配的議題重要性。

這方面，現有經濟學固然不是全無涉及，但總是在方便理論模型化的考量下，作了相當程度的簡化。甚至把探討焦點過分放在不平均程度的測量這種技術性問題上，而忽略了從制度面及個人動機面上作更深入及細緻的分析與探索。未來，在調整經濟學理論時，有志者甚至對於在生產及消費理論中，從行為標的所設定的個人主觀滿意程度（效用）、廠商獲利程度（利潤）這些變數的內涵、意義、應用、政策含義等，都有重新檢視、省思、調整、修正之必要。

上述當代個體經濟學的理論架構，究竟在面對、處理個人消費和廠商生產的決策時，與現況和事實有多大落差？理論解決現實問題的能耐有多大的不足？這些非常基本的需求和命題，也還有很多待改進和補充的地方。

此外，在當代總體經濟學的理論架構中，對於最基礎的總體經濟活動衡量，即所謂的國民生產毛額（GNP）、國內生產毛額（GDP）等，均犯了只匡計有形的、貨幣的、經由市場的財貨，這與當前社會已轉而關懷「無形的幸福」的內涵存在著巨大差距。

即便略過「幸福」的議題不談，僅將焦點限縮在物質層面，貨幣在國際間流動所帶來的匯率波動干擾；以及貨幣可以作為價值儲藏，以致造成購買力在不同期間移轉的資產價格波動等，都是當代經濟社會難解的現象，這些也都是經濟學有待翻修的地方，若不早日加以匡正，很可能導致當代經濟的全盤崩壞。

22 信念創造實相

心理學上有一個名詞叫「比馬龍現象」（通常是指孩童或學生在被賦予更高期待以後，可以表現得更好的一種現象），在身心靈的修為中則有「信念創造實相」的說法，這兩者之間應有一定的相通意涵。近幾年全球經濟情勢的演變似乎又再度驗證：有什麼樣信念，就會產生什麼樣的經濟情勢；如果信念不轉換，經濟情勢也不會扭轉。

當前的經濟情勢仍然延續金融海嘯所殘留的陰影：已開發的歐美國家似乎一再浮沉於海嘯的後遺症中。歐洲原本面臨的是海嘯過後，應該調整過於寬鬆的貨幣政策，甚至推出緊縮措施以避免通膨危機。沒想到希臘、愛爾蘭等國的財政赤字卻搶先成為議題，在歐盟沒有立即採取強而一致的對策下，問題不斷向西班牙、義大利擴散，甚至一度演變成一個燙手山芋。

從專業的觀點來看，除了希臘真正有財政失衡的問題外，西班牙、義大利原本國家規模較大、財政體質尚佳，結果因為市場信心不足，帶來債券利率升高、政府財務性負債增加，也形成另一種形式的政府債務問題。這個問題引發債券投資人的疑慮，也把公債利率推到一個極高的水準，結果真的造成這些國家還款能力的下降。

這就好比一般個人或企業，原本只因短期資金調度出了些問題，卻引來金融機構「雨天收傘」的對待，抽銀根、調高利率，結果原本的小感冒卻變成致命的大病。追根究柢都是源自市場信心不足所造成，也可以說是因為對市場發展信念趨於悲觀，最終成就了經濟走入困境的實相。

如果對照歐元區國家與英國，就可以明顯看出，英國財政赤字不比歐元區國家低，但因為歐元機制的捆綁，所以英鎊得以置身事外維持相對穩定，也阻隔了匯率、債務波動的困擾。過去一段時間德國、法國（尤以德國為代表）一直認為不能放縱不守財政規範的行為，害怕會有「道德風險」的困擾，因此對於向歐元區國家伸援手的援助計畫，總是附加許多處罰性條款或限制，結果市場解讀為行動不一致、信心不充足，使得危機感不斷向內在信念強化，最終險些釀成災難。

這也是德國總理梅克爾面對歐元區國家債務問題，所作的回應與政策選擇。之後雖然引起所謂「撙節與反撙節」的爭議，但在德國堅持與稍後的和緩並濟中，總算大體挺過了危機。目前大致上只有希臘政府透過再改組而重回歐洲陣營的波折，那麼延宕多時的危機可望獲得解決。事情真有這麼容易嗎？答案應該是肯定的，因為這原本真的就是市場信心的問題，只要有實力解決問題的人士拿出決心，而且讓市場信心恢復，相關國家的公債利率就會回跌，市場很快能回復平穩。

所以，歐洲債務問題、歐元區的連動，甚至全球經濟展望，這些複雜難解的問題，其核心就在於世人及歐洲地區人民的信念而已，因為信念創造實相。

23 市場經濟中的社會公約

哈佛大學有一門非常熱門的課程，那就是邁可・桑德爾（Michael Sandel）教授開授的「正義」課。這門課罕見地把「社會公約」的概念引入市場經濟當中，試圖為早已千瘡百孔的市場經濟，找尋一條可能的出路。同時，也把現實社會中對資源調動起了很大作用，但對解決實際問題不一定有實質助益的政黨這個角色，引入社會公約的架構來處理。

社會公約這個概念正是目前台灣社會備受矚目的一個政治議題，也是公共政策領域經常討論到的，譬如從退休公教人員年終慰問金的發放，牽連出公保、勞保、健保等社會保險所潛藏的財務破產風險。再如全球溫室效應所引起的節能減碳問題，除了過去已知的外部性概念的延用（即經濟行為人自己的行為，其後果外溢到其他人的現象），還必須透過法律的介入，以便能引導市場達到二氧化碳的適量排放。

這類問題的探討，已經由單純的外部性，擴大到代間（between generations）的「社會公約」，唯有這樣的架構才有可能來處理。事實上，這種分析架構的延伸，已注意到社會上許多資源分配的議題，必須進到跨世代的時間軸才有找到解決方案的可能性。

譬如，工作機會、教育機會、社會保障、環境永續、資源分配不均等棘手的議題，如果只考慮到當期、單一世代，那麼問題幾乎是沒有解答的。如果能夠放在一個「多世代」的架構當中，或許還有解決的可能。

此時，跨世代間就要有一個「公約」來處理彼此權利義務的移轉。同時，也應以「正義」來作為評判的準則。這就是社會公約的概念架構，試圖為難解甚或無解的跨代矛盾找尋出路。同時，透過社會公約形成的過程，審議其間各利益團體的分配不均，並透過與既得利益間的審議，以期追求共善的達成。

回到社會保險的例子，除了政治上討好選民的庸俗作法外，這個在地球上只出現四、五十年的制度，恐怕都犯了一個很嚴重的專業疏失，那就是原本設立的人口結構參數已無法適用。主要是因壽命延長、高齡化、少子化，以及家庭結構的大幅改變，撫養和被撫養比例也大大改變。

戰後嬰兒潮的一代，在社會保險的保險費和保險給付上，拜設算基礎的有利因素之賜，成了繳得少，卻領得多的最大既得利益者。相對的，他們的下一代則成了繳得多，但領得少的不利一代。除非眼睜睜看著退休保險制度財務破產，否則只能依循社會公約的架構去追尋共善，尋求跨代利益的均衡。

面對已經逐漸結構化的工作機會、教育機會、社會保險的跨代分配不均，不但日益形成社會對立、緊張、不安，而且也發生地域的擴散效應，令全世界各國、各界不能不正視。人類社會過去沒有處理這類問題的經驗和能力，「社會公約」提供了一種可能性，且讓我們虛心學習，從中找到共識。

24 儲藏是最昂貴的奢侈品！

匱乏與豐盛是對立的兩個概念，就物質層面而言，人們雖然可以用數量的多寡來表示匱乏與豐盛，但現實中往往沒有絕對的評估標準。尤其若以財富作為討論對象時，富有的定義更是「因人而異」，根本也就無法衡量。

人類是各種動物、生物當中少數具有儲藏習性的物種。我們會生產、製造超過實際需求的商品（或資產），並將剩餘的部分拿來儲蓄，進而「養大」自己累積和儲藏的慾望。

在人類的經濟活動中，之所以對貨幣產生需求，除了因為貨幣可以作為計價單位、交易媒介外，它還可以滿足人類儲藏價值的需求。此外，貨幣（例如信用卡）也能作為延遲支付的工具。其中，儲蓄和延遲支付這兩項，正是因為讓購買力在時間上產生轉移，使得人們能夠開始積累財富。一旦產生積累財富的需求之後，就像犯了永無止境的飢餓症候群，或有了一個永遠填不滿的黑洞，任憑再多的財富，仍然無法饜足，擺脫不了想要繼續累積財富的慾望。

事實上，人類社會對貨幣的特殊需求，正是今天造成貨幣干擾實質經濟榮枯或波動的重要原因。對此各國政府必須設立中央銀行，以便進行貨幣數量的管理，使利率、匯率可以在相對穩定的區間變動。只是這些努力，往往帶來的不是穩定，反而是更大、更劇烈的波動，甚至形成大大小小的金融風暴，乃至捲起滔天的金融海嘯。

到現在為止，有多少菁英還在思索貨幣如何在人類社會發生作用？如何運用貨幣去促進社會發展？甚至相信只要透過「貨幣政策」就能達成經濟政策與目標。然而，證諸一九三〇年代的經驗，正是因為美國政府貨幣政策出了大問題，才引發世界性的經濟大蕭條。

追根究柢，就是因為人類社會發明了貨幣作為財富儲藏的工具，又因為儲蓄財富的需求幾近無窮，永遠無法滿足，遂使人類社會從此不得安寧。到了今天，整體社會又常因為個體貨幣需求的不穩定，連帶也引發總體經濟的波動。

有一位朋友在聊天時談到在房產上的投資，對於前不久沒有買到原本看好的一個標的物而惋惜不已。待詢問後，才知道這位朋友手中擁有十一幢屋子和一塊土地。即使已擁有這麼多，但他對於房地產仍然有著高度需求，甚至彷彿處於飢餓狀態，持續搜尋其他房產，以作為儲藏之用。

非洲撒哈拉沙漠地區的布須曼人，是一個完全沒有財產觀念的民族，他們從不占別人便宜，更沒有儲藏財富的動機和需求。因為如此，他們的社會自然少了許多煩惱和算計，也不會因貨幣而引發經濟震盪。如此看來，想要儲藏財富的代價是極為昂貴的，這樣的需求不是「必要」而是「想要」，絕對是奢侈品，而且是高價的奢侈品。

25 金錢的使用該不該有界限？

俗話說：「金錢不是萬能，但沒有錢萬萬不能。」這句話固然說明金錢不是達成目標的充分條件，但是一個不可或缺的必要條件。哈佛大學哲學教授桑德爾繼《正義：一場思辨之旅》（*Justice: What's the Right Thing to Do*）這本廣受歡迎的著作之後，他的另一本書《錢買不到的東西：金錢與正義的攻防》（*What Money Can't Buy: The Moral Limits of Markets*）也在市場上獲得廣大回響。

他的續作探討在市場經濟的社會裡，是不是凡事都可以由金錢購買得到？該不該讓金錢滲透到所有的領域？如果還有一些範疇不應該由錢來決定，那麼又該由什麼來決定？其疆界該如何劃定？

過去這些問題在一般人心目中可能會有直覺的答案，但現在若進一步推敲，則可能發現根本沒有確切的答案。這正是桑德爾教授在哈佛課堂上所欲引發的思辨與討論。譬如，有些人寧可多付費請人排隊購物，以節省時間；有些廠商付費取得某些活動的冠名權；有些人花錢請人代為道歉或表達愛意；更有些人會在喪葬典禮中付費聘請台灣民間習俗中的「孝女白琴」來「代哭」，這些現象都成了這個議題下值得探討的個案。

這些信手捻來的例子，直指市場、價格、效率是不是人類社會應該獨尊的價值與追求的目標？如果答案是肯定的，那麼市場就幾乎是分配的唯一機制，換言之，難道任何東西都可以用錢買得到？花錢可以使囚室升級、花錢可以單獨一個人開車行駛於高乘載車道、花錢可以買到移民權、花錢可以買到名校的入學許可……。現實中，許多問題並不是那麼容易回答。這些現象所反應的，正是金錢是否萬能，以及是不是應該萬能這一個具有高度哲學層次的問題。

一旦深入這些問題便會發現，現在的社會文明正在不斷擴充金錢可以買通的範圍。所謂有錢能使鬼推磨，只要有錢，可以為你工作的「鬼」愈來愈多，或者是你買通的「鬼」能力愈來愈強，幾乎無孔不入。但是，即使在這股莫之能禦的大潮流中，社會上還是不能接受以金錢換取他人人身自由（如奴隸制度）或花錢找雛妓這類的行為，可見在「金錢萬能」的背後還是隱隱可見市場、價格以外的道德或正義。

有趣的是，對於這些已經被社會禁止的行為，重新獲得接受的機率固然不高，但對於金錢所滲透的新領域，道德或正義似乎會自動迴避和讓路，這多少與「市場進、道德退」的現代文明軌跡不謀而合。在這股趨勢中，談正義和道德似乎是非主流的。

在經濟思維的邏輯訓練裡，通常要努力擺脫的就是價值的選擇與認定，因為價值是主觀的，一旦引入分析架構，就不容易歸納出通則，自然限縮邏輯推演的共通性，也減低經濟理性的適用範圍，或許也使諾貝爾經濟學獎因而無法設立。然而，再回到金錢的使用該不該有所限制這個問題，如果答案是否定的，這不但符合潮流，也滿足效率的準則。但如此一來，只要金錢或所得分配不平均，低所得者將難以翻身，這樣的市場效率還仍然是社會追求的唯一目標嗎？

26 經濟學是建立在稀少的假設？

「經濟學是建立在稀少的假設」這個命題對修習經濟學的人來說，似乎應該是肯定句而不是疑問句。但是，在閱讀《當和尚遇到鑽石》（*The Diamond Cutter*）這本書後，發現肯定和疑問代表的是兩種不同的態度。

如果資源是源源不斷，不虞匱乏的話，那麼在追求效用極大化的目標下，人們將會一直使用資源到邊際效用達到零的水準，這時自然也就少了抉擇、取捨的必要。如果世界上的資源真的是取之不盡用之不竭，經濟學將會全盤重寫。正因為各種資源往往不足或是很快就會耗竭，因此選擇是有必要的。

從這個核心概念開始，經濟學用來處理「左右為難」、「不可得兼」的處境，並形成了一套非常重視邏輯推理的架構。如果問題的屬性能轉換成可以同時達成既富且貴的類型，那麼無窮大就成了唯一的可能性，自然沒有花費心神去求解的必要和動力。

一旦沒有稀少性的限制，經濟學的難題將不復存在。但是頗為諷刺的是，經濟學發展至今兩百多年，全球的經濟難題卻是違反了稀少性的假設，反倒是愈解愈多，甚至多到解不出來，求不到解了。

譬如，各國當今所面臨史無前例的貨幣、金融大寬鬆政策，識者皆有飲鴆止渴的警示，但政策三轉四轉之後又回到問題的原點，竟然紛紛放棄傳統的撙節美德，又競相投入印鈔救市的老哏。

這其實可以說是經濟理論建構時的先天不足所造成。經濟理論在建構初期，為求分析推理的嚴謹性，不惜進行大量簡化，把複雜的經濟互動關係和變數大幅限縮在便於推理的邏輯架構內。這個過程中重要的變數和關係往往被簡化掉，使得剩下的推理過程即使再嚴謹，也已盡失原味，真相也不復存在了。

此外，由於個別經濟決策者之間一味競逐資源、你爭我奪，完全沒有彼此協助、相互成就的空間和可能性，這也正是經濟學無法放棄或調整「稀少性」這個假設的道理。這也導致經濟學只能探索競爭性目標，甚少著墨於合作、分享等面向。即便有少數研究者在分析「合作解」，那也是拉進其他少數人成為自己人，然後又落入區分「你」「我」的窠臼。問題真正的核心還是，我們必須想出一個分享事物的制度，因為物質資源是有限的。

《當和尚遇到鑽石》這本書的作者則提出了另外一種可能：財富的量不但不是固定不變的，而且是不停變動的。更加奇妙的是，如果先懷抱著幫助其他人增加財富的心念，則可以獲得他人和自己同時一起增加財富的經驗。

如果這種可能性獲得證實，那麼建立在稀少性前提的經濟學就有機會改寫，當前世界經濟的難題才能獲得根本性的解決：那就是先去幫助別人達成富足的意願與行動，其成果自然也能夠帶給自己富足，最後達到全世界都富足的境界。這不是學理的可能性，而是可供檢驗的心法，您信嗎？

27 全球化與區域化

回顧由美國房貸市場所引發的金融海嘯，到了二〇〇九年底時已有逐漸消退的情勢，然而全球經濟由國家內部到區域間到全世界，卻出現了許多對立的觀點與現象，像是不少國家都面臨金融海嘯期間大量採取的擴張性貨幣、財政政策是否應該退場的爭論，譬如美國一連串QE措施的退場，以及利率是否調升等，其爭議一直延續到二〇一五年的現在。還有不景氣引來層出不窮的貿易保護措施應否終止？以及全球一體化的發展和區域經濟整合之間到底是競爭，還是互補？這些問題充滿了對立與衝突，說明全球經濟往後恐怕仍然還要在不斷磨合中前進。

金融海嘯救市措施是不是該退場？涉及到對經濟衰退是否已全然消逝的判斷。由於這項預測、判斷仍然充滿不確定，因此措施之取捨與轉變也就備受爭議。同理，貿易保護與報復措施的一再出現，也說明對於景氣的判斷沒把握，自然還留有保護政策的陰影。至於，全球化與區域化的推進，則一如過去的經驗，是時而並行，時而反向的發展雙翼。

世界貿易組織（WTO）做為全球化的標竿，企圖把地球推平，讓商品、勞務、資金可以在國境間毫無阻攔地進出。然而，這項宗旨與目標在實際世界卻仍然遭遇障礙，致使進行中的「杜哈回合」談判，一直陷入停滯不前的局面。當中，曾有若干突破的時機出現，但現實依然還處在前進無著的困境。

除了WTO新回合的談判外，更多的努力是在區域間進行，例如，與台灣息息相關的是「東協加一」、「東協加三」，以及美國在二〇〇九年「亞太經濟合作」（APEC）會議上支持「泛太平洋戰略經濟夥伴關係」（TPP），也使得亞太自由貿易區（FTAAP）的發展有了新的契機。此外，歐盟已擴大到二十八國，北美自由貿易區（NAFTA）也有向中美、南美共同市場擴大之勢。

WTO杜哈回合談判從二〇〇一年十一月在卡達首都杜哈舉行，原定在二〇〇五年一月一日前完成，但至該年年底仍然未達成協議，因此，二〇〇六年七月二十二日WTO總理事會批准暫時中止。相反的，之後雙邊或區域自由貿易協定卻如雨後春筍般冒了出來，目前合計生效的協定已達一百八十二個以上，半數以上都在二〇〇一年至二〇〇八年生效。

二〇一〇年台灣與大陸洽簽的「兩岸經濟合作架構協議」（ECFA），也是一種雙邊自由貿易區。有些人在論述這項協議的必要性時，往往僅考慮簽署協議可能會使大陸商品進到台灣，卻忽略了與台灣主要經貿往來國家早已或即將與其他國家簽署的背景。考慮了這個因素，其實台灣可有的選擇已經不多。這也是區域化整合會因為區域內外不同待遇，而形成簽署擴散的壓力。

這也是區域化會不斷擴大的原因，但這會不會取代全球化而成為世界經貿的主流？答案應該是否定的，因為一旦區域性自由貿易區愈普及，全球一體化也愈趨成熟，又會使WTO的目標向前跨一大步。因此，杜哈回合談判以及各地區區域整合的進展，充分印證了「合久必分，分久必合」的一種歷史觀察吧！

經濟學人這樣講商管

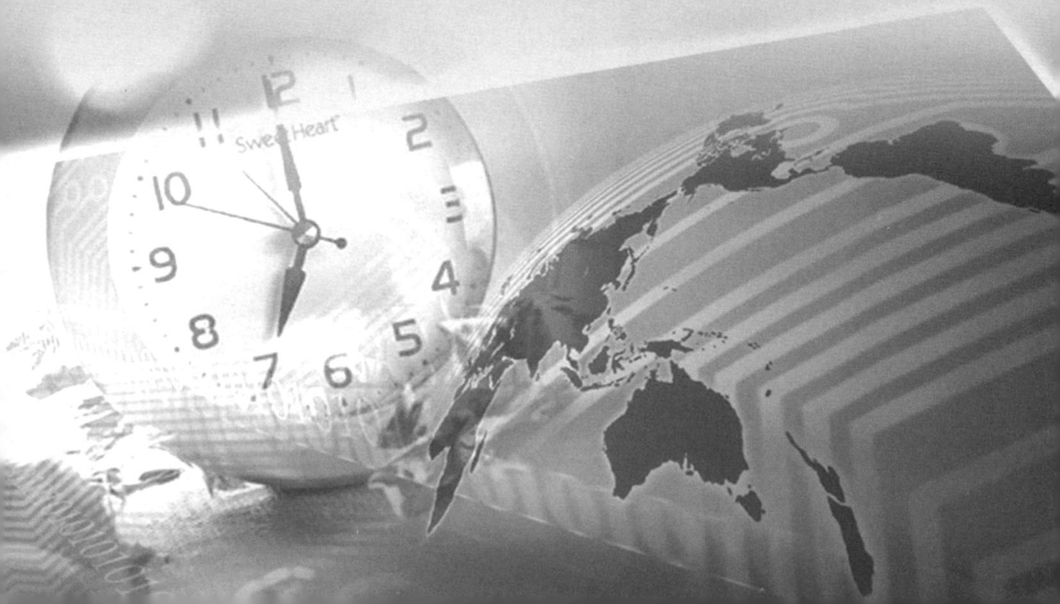

28 公司治理vs.人心自理

不論過去或現在，不論國外或國內，公司治理的弊案時有所聞。公司大股東或董事會，也就是公司的決策當局，利用種種不實的交易，甚至不存在的交易，再經由繁複難理的交叉持股和轉投資，使得眾多的股東、外人無法窺見公司內部情形。在這樣的掩飾下，一個原本被認為經營正常的公司，從市場中募集龐大的資金後，卻可能一夕之間就化為烏有，公司價值一夜之間被蒸發掉。

面對這樣的案件，社會輿論自然是大加撻伐，同時也要求主管機關嚴加查辦，於是簽證會計師被停業，甚至整個會計事務所因此關門大吉，同時公司負責人、財務主管也吃上官司。

在這些處置之後，照例又會有許多強調公司治理重要性的言論出現，於是乎又開出了一堆藥方；在國內我們看到的藥方之一，就是增加「獨立董事」的席次，希望藉由外來獨立人士的監督防弊。

其實，公司治理講求的是公司決策當局能夠在一定的規範下運作，為公司股東謀求最大的利益。問題就出在「一定的規範」這個前題，因為公司原本設立的宗旨就在於謀利，所以究竟是要「有所為，有所不為」地去追求利益？還是要不擇手段地去追求利益？所謂股東最大的利益，究竟是指前者還是後者？

同時，當公司賺取利益後，究竟公司與決策者間的利益又要如何分配？是追求決策者的最大利益？還是公司的最大利益？這些問題的答案往往存乎一心，必須透過文明的制度加以規範，其難度之高可想而知。因此，雖然我們的社會已從農牧經濟進化到目前這種高度資本化的經濟體系，但文明的規範只能解決部分問題，而無法完全導正公司治理制度。更麻煩的是，任何公司治理的制度設計，經常出現顧此失彼的窘境。

就以獨立董事為例，在董事席位中要空出職缺由非出資者來擔任，那麼這些獨立董事的決策究竟以什麼作為準則？以什麼立場作為基準？還是聽憑各自的專業立場？究竟要替多數股東圖利，還是防弊？正常情況下，過分的防弊就會制約了興利，這是多數股東樂意的選擇？圖利過程中不免需要承擔風險，獨立董事制度會不會因防弊的考量而使得公司無法獲利？

之所以不厭其煩地追問這些問題，就是要再次證明公司經營與公司治理最終取決於決策者的心念。若心念不正而試圖透過外在獨立人士去監控，這樣的制度設計實在無法求全，也必然會顧此失彼；若沒有這樣的體認，而一味地要求完美地治理公司，將如緣木求魚。

29 你活我活的藍海策略

十年前有一本討論企業發展策略的書，叫《藍海策略》（*Blue Ocean Strategy*），非常暢銷，也成為許多媒體爭相報導、討論的主題。所謂藍海策略，有別於過去的企業策略，最主要的差別就是要避開競爭，另闢一片無人爭奪的新市場，企業就可以在這片新市場中悠遊自在地發展、茁壯。

傳統的企業策略非常重視和競爭對手間的爭奪，不論透過殺價競爭，或者透過廣告、行銷、品牌等手段，其目標就是在你爭我奪，也就是想盡各種辦法，試圖從競爭對手手中爭奪到較多的客戶或市占率。這種競爭策略必然落入此消彼長的情境：你擴大市場，別人的市場就會萎縮。這樣的策略又稱為紅海策略。換言之，企業是在一固定的市場疆界中爭奪廝殺。

但是，藍海策略所強調的則是企業可以另闢戰場，或者透過全新的產品，或者透過全新的應用，或者透過全新的營運模式，另闢一個沒有競爭的市場。在這樣的策略架構下，企業和企業間就不會展開你死我活的殊死戰，反而可以你活我也活地並存下來。

因此，藍海策略是一個以創新、開發新市場為主的思維；紅海策略則是一個在既定市場範圍內彼此爭奪的思考。這樣的對照，任誰都會捨紅海策略而嚮往藍海策略。關鍵恐怕在於企業是否具有開發、創造新市場的能耐，如果沒有，也只能繼續打泥巴戰了。

在《藍海策略》這本書中，作者舉了許多案例說明另闢戰場海闊天空的可能。也有人以自然界中餵食蟾蜍麵包蟲的情形作為比喻——當你餵食某隻蟾蜍麵包蟲，卻被其他蟾蜍捷足先登時，蟾蜍通常不會因此相互纏鬥，而是立刻轉身去尋求另外的麵包蟲，這就是藍海策略。

所以，企業如果只顧你爭我奪而缺少了開創市場的能力，注定是落入紅海，而無法跨入藍海。

把企業策略拿來作為待人處事的參考，倒也有一些啟示。你爭我奪或者是比較、計較，往往是一般人際互動的常態，這很明顯地是落入了紅海策略中，因此，人與人的互動常以嫉妒、怨恨收場。

如果我們能夠走出紅海，進入藍海，那將是一片無涯的寬廣。少了摩擦爭奪，少了計較、比較，應該是可以更恬靜、更自在才是。不知道，你選擇的是紅海策略或藍海策略？

30 一種稀有品牌，我們這裡就有

台灣需要建立品牌，一直在生產製造的框架中打轉，未來產業發展將會非常艱辛。因為比台灣更具生產競爭優勢的國家和地區愈來愈多，他們有源源不斷的勞力供給，成本比台灣便宜許多，這也是大陸、東南亞等地區迎頭趕上台灣的原因。

要想擺脫純比拚價格的宿命，就需要朝品牌、行銷或研究、發展的方向努力。其實，研究、發展也需要有足夠的市場去分攤成本費用，否則也無法承受，這都是台灣島國的高難度挑戰。但即便困難度高，也是不得不面對的任務。在品牌經營上受到各界尊敬的宏碁集團創辦人施振榮先生就非常鼓勵國內企業走出自己的品牌路。他固然強調品牌一定要私有化，這樣才能讓企業有誘因去創造、擁有，但他也強調台灣必須篩選出若干項目（或在若干領域）去推動品牌，進而使國際間對台灣這塊土地的經濟「價值」重新定位，也就是來自台灣的有形、無形商品，經由品牌台灣的努力與形塑，能提高其價值感。

有趣的是，施先生從品牌經營的觀點作了一番研究，他建議台灣應由數位科技產品、美食花果，休閒生活產品與文化關懷等項目切入。這當中的文化關懷倒是值得大家一起來重視。人們從一般政治或社會新聞所獲得的印象，對我們這塊土地的觀感以負面居多，然而從一位品牌經營的先驅者眼中，台灣的人文關懷卻是值得作為台灣的品牌去經營和行銷，這就有值得省思的地方。

的確，如果跳脫大家熟悉的頻道、媒體重新認識台灣的話，那麼對於台灣人民的熱情好客，甚至慈悲好善的胸懷與作為，應該會有另一種完全不同的評價。慈濟，無疑是品牌台灣值得書寫的一個事例，從五十年前的一個善念開始，再加上數十年來的堅持，慈濟背後所代表的正是台灣人民對於人文關懷的具體實踐。當然，在台灣，慈濟不是唯一一個這樣的團體。

從國內走向全球，不分你我地扶弱濟貧，展現台灣人民的慈悲、善念之寬闊。讓全世界藉此來認識台灣，比由立法院來認識台灣會有多大的認知落差？台灣這塊品牌又會因此得到多少價值的提升？讓我們一起來擴大、實踐人文關懷的台灣品牌。

31 服務業把世界變平了

被譽為美國最具影響力的新聞工作者，湯馬斯・佛里曼（Thomas L. Friedman）於二〇〇五年的新著《世界是平的》（*The World Is Flat*）中，對於透過網際網路已經建立起來的新的國際分工模式——主要是服務業經由業務分包的方式，把原本存在於不同國家、地區、職級間的「天然屏障」給鏟平，建構起一個更無遠弗屆，更無職級差別的新全球化分工平台，這正是弗里曼書中所談的地球由圓的變成平的道理。

佛里曼的觀察其實是人類經濟社會的一種演變，主導此一演變的則是網際網路的應用與普及。在過去的觀念中，我們把商品分成可貿易財（tradable goods）與非貿易財（non-tradable goods），可貿易財指的是可以在國境間進行交易，從甲國賣到乙國的商品，此時甲國為出口，乙國為進口。但也有許多商品無法進行貿易，例如，土地、房屋這些不動產，既然名之為不動產，就無法移動，因此也就無法進行跨國境的交易，這就是所謂的非貿易財。

在當時，大部分的服務業就被視為非貿易財，因為服務業明顯具有在地提供服務的特色。

當然，服務業貿易也不是不可能，甚至隨著服務業愈來愈具有比較利益，因此已開發國家往往在服務業享有貿易的順差，也就是從服務業輸出所獲致的外匯收益常常會高出從其他國家輸入服務業所支付的外匯。例如律師、智慧財產權的授權，甚至金融服務業等，無疑的，已開發國家較具有優勢。不過，此類服務業貿易大多伴隨著對外投資，除了上述行業外，連鎖性速食、餐飲等服務業，主要就是透過這些跨國企業來執行。

不過，最新的分工形勢又有了本質上的變化，由於服務業經常需要大量人力的投入，在企業追求降低人事成本，以及網路、通訊的普及和費用之明顯下降的情況下，使得任何一項服務都可以進行切割，然後再把每一段落的服務分包或外包出去，再經過整合後完成全程的服務。這種現象以電話客服中心（call center）的外包最具代表性。亦即電話客服中心所提供的種種業務可以從美國、加拿大轉到印度班加洛或從日本轉到中國的大連，但這只是服務業新國際分工型態的一種例子，未來還會有更多的營運模式出現。

在上述的分工型態中，不分種族、國界或職級逐漸朝向平等發展：就業者有較平等參與和決策的機會，這就是所謂的「世界是平的」概念。

32 世界仍然還有凹凸

在前一篇文章〈服務業把世界變平了〉提及《世界是平的》這本書，作者湯馬斯・佛里曼利用前往世界各地訪談的機會驗證他的假設：由柏林圍牆的倒塌，再加上光纖、網路的建構，使得新型態的國際分工得以暢通無阻地在國境間進行。例如，美國公司的簡報、報稅、文書處理等工作，可以在下班時 e-mail 到印度，由印度人來完成，並在隔日上班前又 e-mail 回美國；至於即時性的客服工作，也可以經由同樣的方式，利用網路電話等工具做立即、直接的跨國線上服務。

這種現象似乎顯示著國境間的障礙被抹平，使得各國民眾可以沒有阻攔地參與全球化的分工。這一個觀察的確有其洞察力，但是不可否認的，在抹平世界的趨勢中，仍然有些障礙是存在的，也就是這個世界仍然有著若干凹凸不平的地方。佛里曼在書中曾經提到印度最大的外包中心在班加洛這個地方，但要由班加洛牽引電話到鄰近的懷特菲科學園區，卻是近在咫尺猶若天涯，因此，他們的通訊方式是由班加洛經由海底電纜與在美國肯塔基的社區主機連線，再由美國經由海底電纜與懷特菲科學園區連線。

表面上地球已抹平，沒有通訊的障礙，其實在印度境內，即使只是隔鄰，障礙卻依然存在。這種情形正好與市話固網建設不足的開發中國家不謀而合，要抹平人與人間的溝通障礙，其難度太高，乾脆跳過那些障礙，直接進化到以無線通訊（如手機）來聯絡，雖然天空是抹平了，實際上地面障礙卻依舊。

回到現實面，固然有體制轉變（例如柏林圍牆拆除所代表的共產和計畫經濟體制瓦解）與科技進步等因素來抹平世界，但其背後的根本性驅動力量，還是現存的生產要素價格的差異：以同樣的客服工作為例，在美國月薪為一千美元，在印度則只要五十美元，相差二十倍以上。就是因為差距如此懸殊，所以才會有趨之若鶩的新型態國際分工出現。看來，薪資的凹凸不平似乎才是抹平世界的推動力。

在抹平世界的過程中，不免也引來許許多多的反彈與阻力。例如，對原本領有月薪千元的美國勞工而言，他們的工作機會被剝奪了，另一方面，美國人雖然為印度創造了不少月薪五十美元的工作機會，卻也被批評為壓榨印度的廉價勞工。即便這些批評與反彈形成了反全球化的一股力量，但是只要兩地間的價格凹凸不平，就會有掃除彼此分工障礙的強大誘因，促使國與國間填平彼此的鴻溝。

如果真有「世界大同」的一天，國與國間可以拉平彼此的生活水準與薪資水平，那麼下一波抹平的力道就會逐漸減弱。看來，平的世界與凹凸不平的世界竟也相互為用啊！

33 尤努斯的棒喝

二〇〇六年諾貝爾和平獎得主尤努斯獲獎消息宣布後，有些媒體曾嘲諷，他應該得經濟學獎，怎麼會是和平獎？因為，尤努斯雖出身在孟加拉，卻在美國獲得著名的常春藤盟校之一的范德堡大學經濟學博士，再加上他在孟加拉推動「鄉村銀行」而獲獎，這樣的背景與事蹟，要說得經濟學獎似乎也說得過去。

不過，如果稍微深入瞭解這位原本在美國田納西州立大學任教的得獎者，就會發現，如果他真的獲頒經濟學獎，那才是對經濟學的最大反諷。因為，尤努斯回到他苦難的祖國孟加拉擔任吉大港大學經濟系系主任，原本就是要把他在美國所學的經濟學理論傳授給他的國人。但當他一方面在課堂講解幾近完美的理論模型，告訴學生市場經濟的機制會把人們帶到一種完美境界，會為人們解決問題時，一走出教室，他卻看到現實社會的另一面，就是有成千上萬的貧窮人，在飢餓、無助的邊緣掙扎。這時，他不禁自問：這些理論到底有什麼用處？他感到無力，也深覺羞愧與憤怒。

瞭解尤努斯放棄教職去籌辦鄉村銀行的心境後，如果真把諾貝爾經濟學獎頒給尤努斯，就會發現當中有多大的諷刺了。對學經濟的尤努斯而言，他當然知道經濟學所要處理的問題，以及引導解決問題的機制是什麼。他對於這些問題的瞭解，也正是令他感到憤怒、羞愧的地方。因為，經濟學或市場經濟機制把微觀的企業個體所追求的目標窄化到唯利是圖，也就是這種以利潤作為唯一追求目標的導向，在引導資源配置上，固然可達到高效率，但會令資源弱勢者陷入貧窮的惡性循環而無法翻身。

如果沒有特別去正視這種現象，並對症下藥提出對策，那麼市場機制只會使這些窮人永無翻身的可能。這當中，資金的提供與協助扮演著關鍵性角色，否則，窮人很容易成為高利貸下的奴工，一如本書的下一篇文章〈尤努斯與卡奴〉中所提到的現象。

針對這個問題，尤努斯在摸索中建立起微型貸款的新模式，簡單講就是自助、互助。在他的鄉村銀行模式中，既沒有政府的低利補貼，也沒有動用到政府的公權力，純粹就是在互信、尊重中，經由互助使窮人擺脫貧困。就由他一個人的善念出發，竟然能讓一億人脫貧，這是何等的功德？

尤努斯認為實踐不是拿一個理論來實驗，而是針對問題找尋解決方案後去落實、執行。這樣對社會與眾生關懷的實踐觀，對於美麗的經濟理論模式而言，不啻為一記當頭棒喝。

34 尤努斯與卡奴

二〇〇六年，諾貝爾和平獎大爆冷門，獲獎的是孟加拉經濟學者尤努斯。他以個人所創立的鄉村銀行，提供微利貸款，協助窮人及經濟上無法獨立的女性，讓他們能夠擺脫貧窮。所以，他的脫貧方案不是「給他魚吃」式的救濟、施捨，而是「給他釣竿」式的自力更生。

值得一提的是，尤努斯鄉村銀行的微利貸款，不但無抵押、無擔保，其歸還率還高達百分之九十八點八五，換言之，壞帳率才百分之一點一五，相對於台灣金融機構的表現，可說大異其趣，尤其對照社會上常見的卡債、卡奴現象，更可凸顯同樣是銀行，同樣是貸款，卻有這麼大的不同。

對於多數的窮人來說，資金缺乏若再加上工作機會無著，往往就會陷入生活困境。各國政府也都絞盡腦汁希望能夠幫助這些人，不過不論是提供資金或者低利補貼，往往又對政府形成龐大的財務負擔，常常無以為繼。那麼，尤努斯是如何做到的？

鄉村銀行的微利貸款之所以能夠成功，關鍵在於獲得資金協助的人心存感恩、愛惜信用，因此在受到協助後，不但能自力自強，而且還能夠盡力還款，因而形成一種良性循環：既無壞帳，就能以更低的利率放款，使更多人獲益。但是，一般由政府所舉辦的低利貸款，就容易產生「吃政府」的心態，也就是有所謂的道德風險。更簡單地說，就是獲得貸款的人很容易以不拿白不拿的心態，而不是感恩的心來看待，結果就會出現很高的壞帳比率，使政府能夠用來協助窮人的能力日益萎縮。這一念之差，結局也就完全不同。

再談到台灣的卡債問題，先是銀行濫發信用卡，同時還設下種種陷阱，誘惑刷卡族運用高達百分之十八以上的循環利率，結果使得大批持卡人過度消費，卻無力清償。

到了卡債、卡奴問題表面化後，銀行雖然在主管機關的介入下，有所謂的協商機制。但事實上銀行的利率仍然偏高而且持續加計，有許多卡奴即使有心還款，其收入卻連利滾利的利息都趕不上，造成卡債永遠無法清償的惡性循環，這不啻為銀行和卡奴的雙輸。

如果我們的銀行能夠以尤努斯的模式作為參考，或許是給眾多卡奴及銀行一個脫困的機會。只要彼此重新找回信任與信用，同時，不忘對於願意讓利的銀行心存感恩，而非懷著不吃白不吃的心態，或許這個難解的結才能打開。但是那家銀行可以率先成為台灣的「尤努斯銀行」呢？

35 卡債問題要以智慧解決

信用卡、現金卡所引發的卡債問題，一度曾造成逼死人命的社會慘劇，甚至還牽扯出五、六十萬的卡奴，這個問題在台灣，經過金融機構與付不出錢的持卡人用集體省思與智慧共同承擔與解決，終於不再聽任這個問題持續惡化，造成社會的對立，雖然不能說是全面解決，但終究在金融機構的策略調整、政府主事者的努力與民眾對信用支付工具的嚴肅面對下，已逐漸遠離卡債問題最狂飆的階段。

卡債問題的浮現，社會上有兩極化的反應：一方視為欠債還錢，天經地義，持卡人當初刷卡消費就應該有承擔債務、清償債務的責任。此時，如果政府或金融機構予以特別待遇，豈不對正常繳款的人不公平，因此認為不應一味以卡奴的立場作訴求。但是，另一方面則認為金融機構惡性競爭、發卡氾濫，甚至百般引誘不具信用能力的人申請卡片，再引誘他們過度消費、動用循環利率，致使他們陷入信用危機而不能自拔，因此有必要給予特別的處理，才能幫助卡奴脫離困境。

其實，卡債問題有其深遠的社經背景，卡奴、卡債只是浮出水面的冰山一角而已。台灣資金外流到海外從事投資，尤其是到中國大陸，是大家都看到的現象，因此而有種種積極管理、有效管理的說法。殊不知，這正是「全球化」現象的一環。所謂全球化，就是指資金、人才、技術可以跨國境流動，結果必然使那些無法移到生產力較高地區的產業或廠商的實質工資向較低地區的水準接近，如此一來就會有實質工資全球趨向一致化的現象，留在台灣的受薪階級正是這一個族群。這種轉變雖緩慢而不易察覺，可是受薪階級的購買力卻會因而下降。此時又逢金融機構全力衝刺消費金融業務，全力搶占信用卡市占率，於是一場災難悄悄形成。

以上現象若再加上銀行間的惡性競爭，使信用卡年費或其他收費都降至於零，發卡銀行主要收益反而須依賴持卡人刷卡欠費所產生的循環利息。最可怕的是為了達成此項業務目標，凡是刷卡花費一百元，下月最低負擔額度只要二元，信用倍數高達五十倍，但刷卡人或許不知道，剩下的九十八元，自消費當日起就以高達百分之十八至二十的循環利率計息，日積月累，終於成為不可承受的債務。持卡人只好挖東牆補西牆，陷入多卡使用、借新還舊、代償的陷阱，結果成了卡奴而無法自拔。

過去這段期間，先從金融主管機關處理卡債問題的態度轉變，再加上金融機構為了自救而配合卡債協商、卡奴申請破產等機制上，做出種種必要的調整。同時，立法院也針對循環利率的上限作出立法規範，終於把一個可能引發民間信用機制崩潰、金融機構營運遭遇亂流的社會及金融問題，慢慢加以紓解，逐漸回歸平靜。這一金融體制創新及所帶來的教訓，非常值得整個社會與金融機構記取：消極上，要防止重蹈覆轍；積極上，在金融業務的創新上毋忘金融紀律之重要。

36 M型化社會的省思

大前研一提出了「M型化社會」的概念，並且以若干統計數字來說明、支持這一概念。隨著這個概念的推廣，很多現象或政策都被冠以M型化三個字，甚至在很多社會進展的推論中，也常常以M型化作為討論的基礎。

根據大前的說法，M這個英文字母可以圍成三個三角形區域：左右兩塊及中間一塊倒三角形。中間的倒三角形代表中產階級的崩落，左右兩區塊則代表著「上流階層」與「下流階層」。其上下流之區別，主要體現在財富、所得與消費能力上，也就是極富和極貧兩個極端。這種中道失落的兩極化發展就是「富者愈富，貧者愈貧」的M型化社會的寫照。

什麼原因促成了M型化社會的形成？按照過往的經濟發展理論與實證，一國經濟發展的結果，會帶來愈來愈厚實的中產階級，在經濟上也愈來愈依賴市場機制作為資源配置的槓桿，同時使社會愈來愈趨向穩定，並奠定了民主政治體制正常發展的基礎。因此，經濟發展可以與社會穩定、民主政治同步，個人與群體可以同時獲益，社會的發展目標與個人的發展目標一致。

然而，在國境愈來愈模糊的全球化過程中，這樣的良性發展似乎面臨了新的挑戰。由於國家疆界的消失，資源可以不受國境的阻隔而趨向最有效率的方向移動，使得原本球體的世界，朝向平的世界發展。如此一來，將各國境內的民眾一分為二，即得以加入平的世界或無緣加入平的世界這兩類。前者由於加入更有效率的全球化整合陣營，使其生產力提升，整合或結合資源的能力提高，進而歸入「富者愈富」的上流階層，居於M型化社會的左邊。

反之，如果無緣加入平的世界這一陣營，仍然還存在於球體世界的這一群人，其生存條件就可能受到來自較有效率的平的世界的競爭而遭到淘汰與擠壓，使他們落入「貧者愈貧」的下流階層，居於M型化社會的右邊。

M型化社會一旦形成，在上述的效率與分配機制下，就會朝向愈來愈兩極化的方向發展，造成傳統政府的財政政策、貨幣政策與產業政策，乃至於文化政策、教育政策，甚至社會福利政策都可能會加深而不會減輕M型化的趨向。這就讓公共政策想要達成的公義、公平等社會價值無法實現，甚至還可能使得社會財富、所得、消費的分配不均問題更加惡化。

面對這樣的發展趨向，會不會使全球化的腳步停歇，或是因為遭遇較大的挑戰而發生逆轉？這需要更多時間的觀察。就人類社會、政治與法律制度的演化歷史來看，已有多次在效率與公平兩極間擺盪的經驗，因此這個可能性是存在的。如果不出現逆轉而繼續演化，那麼M型左右兩邊的族群，就需要重新調整各自的財富與生活態度。

M型左邊的人們要避免淪落為「富中貧」，而M型右邊的人們可以朝「貧中富」去調適；左邊的人們要有別於市場機制的分享與關懷的心胸，右邊的人們要有安貧樂道的信念，重新建構出另一種人與人互動的模式。總之，消除M型化社會除了具象的措施外，還需要人類社會在價值觀上的調適。

37 M型化與ㄇ型化

首先，針對本文標題中的兩個字母作一說明：M是英文字母的第十三個；ㄇ是注音符號的第三個。運用這兩個字母（或符號）是要凸顯社會中產階層的差異或對比。前一個字母（M）表示中產階級逐漸式微，後一個符號（ㄇ）表示中產階級一直維持在非常穩定且重要的地位。一者代表中產階級式微，一者則代表中產階級依然穩定重要，這看似互斥的觀點，其間的差異何在？究竟要如何辨讀？

日本的趨勢專家大前研一是社會M型化的觀察者之一。他認為經濟體制的運作，尤其是資本市場的機制，再加上地球是平的發展，使原本扮演中堅角色的中產階級會逐漸弱化，社會階層朝貧與富兩端發展，所得分配有惡化現象。他也據此提出M型化社會的許多政治、經濟、社會現象的觀察。這樣的觀察也往往成為社會評論的依據。

如果說「M型化」是指在某些國家內部所發生的現象，「ㄇ型化」則是指全球的現象。因為，如果把觀察的角度放大到全球，則過去一、二十來年的發展，使得更多的開發中國家或新興經濟體投入全球國際分工的行列，是促進近期全球經濟發展的主要動力。包括巴西、俄羅斯、印度、中國在內的金磚四國，是最受舉世關注的新興經濟體。

以中國大陸為例，過去在改革開放以前，大陸人力市場與自由世界阻隔，如今則已相當程度加入國際分工的大趨勢之中。如此一來，全球（尤其是新興經濟體）的中產階級總人數不但不會減少，反而是年以億計地在增加。所以，全球中產階級一直維持在增加的、重要的地位，有人遂將此一現象稱為「ㄇ型化」，這自然也有與「M型化」作針對性對比的意圖。

中產階級在愈成熟的經濟體內愈可能出現M型化現象；但就全球的觀點來看，則是有為數更多的中產階級加入整個國際分工的大行列。這是國家觀點與全球觀點所產生的矛盾，同時也會反應到「世界是平的」發展趨勢下利益的重新分配。這也是過去在WTO或全球經貿相關會議，或以工業國家為主（例如G8／G7）的高峰會會場外，總有許多人士示威抗議的理由。這些抗議人士以來自工業國家居多，而甚少來自新興經濟體。

其實，即使像中國、俄羅斯、印度等新興經濟體，在快速經濟發展的過程中，所得分配不均的問題也有愈趨嚴重的現象；然而因為新富階層的大量出現，遂使全球統計的基礎上，中產階層得以不減反增。我們可以推論，這些新興經濟體要出現M型化的現象，可能還要三、五十年，但是工業國家或已開發國家走過的經驗，仍然值得新興經濟體參考，在追求快速發展的同時，必須嚴肅面對所得或財富分配不均的問題。當年鄧小平所主張的「讓一部分人先富起來」，今後要思考的是讓多數貧窮人也能富起來，那才是一個均富的社會。

38 以產業鏈觀點做環保

環保的概念愈來愈受到重視，而資源回收是環保工作中相當重要的一環，其中的資源分類更是一個重要的工作，若能做得愈徹底，「讓垃圾變黃金」，所能產生的效益就愈大。

當然，由於回收品項繁多，一般人在從事資源分類時，也必須有足夠的知識去辨認、瞭解每種回收品的特性，並針對個別特性予以適當處理。譬如，醫療院所的廢棄物就必須有足夠專業的處理設備、技術，才能把有毒、有害的物質做安全處理，再進行必要的回收。但這是由特定場所所產生的資源回收問題。至於照明燈管或燈泡的回收，就是日常居家或一般資源回收站必然會碰到的問題，在處理上也要有一定的認知，不可掉以輕心。

除了最原始使用鎢絲的白熾燈，因為耗電過大，包括台灣在內許多國家均已明令限制使用外，日光燈或非鎢絲燈泡則因內含汞與螢光粉有毒物質，在回收時需要特別注意，不可以只看到燈管兩端的銅片有回收價值，就敲破燈管然後回收銅片，這是居家或資源回收的小常識。

燈管中的汞是化學作用當中的催化劑，導電後撞擊螢光塗料激出光源，因此，這兩種物質是發光之必要原料。傳統燈管要注入液態汞，所以一旦燈管破裂，液態汞便會立刻氣化，產生污染。雖然更先進的環保燈管已將汞與其他金屬合金成為固態汞，但即使如此，燈管還是不能打破，因為其中的螢光粉會造成另一種污染問題。

其實，整支廢棄燈管的各個部分皆有各自的回收價值，專業的回收工廠在回收時，會先將燈管中的螢光粉及汞抽出再利用，至於剩餘的玻璃則可取代細砂，拌合成瀝青混凝土（即柏油），用來鋪設路面，產生反光效果。此外，燈管兩端的銅片也可回收再利用。

一座擁有專業知識的回收工廠，完全可以當成企業來營運。一般回收站因缺乏專業設備，所能作的應該是參與回收，而不要擅作處理，這就是環保要有的認知與智慧。至於回收工廠的回收獲利，應該予以正面評價。換言之，從產品的產出到回收過程中所產生的相關產業，就形成了一個完整的產業鏈。

當然，資源回收的根本之道是資源減量，以燈管中的含汞問題為例，目前市面上較普及的粗管日光燈（T8）含汞約為二十四毫克，細管日光燈（T5）仍約有十二毫克。離歐盟環保燈管的五毫克標準，還有很大的距離。雖然國內已有廠商可生產出三毫克水準的產品，但還需要業者與消費者一起來努力推廣才行。如果能以整個產業鏈與消費端一起來作環保，才能達到最大效益。

39 市場中的政治

湯馬斯・佛里曼的《世界是平的》這本書固然描述全球化把國界推平，讓資源可以不受阻撓地在世界各地移動，但書中還是承認，有一些地方依然凹凸不平。這也正是全球化趨勢下，一直存在著一股反全球化勢力的原因。其實，在自由貿易的推動過程中，政治始終就沒有缺席過。

美國喬治城大學商學院助理教授皮翠拉・瑞沃莉（Pietra Rivoli）寫了一本有趣的書——《一件T恤的全球經濟之旅》（*The Travels of a T-Shirt in the Global Economy*）。在這本書中，她追蹤了在美國佛羅里達州所買的一件T恤。從瞭解這件T恤來源的過程中，把當今全球貿易中除了農產品外，受到最特殊待遇的紡織品貿易的種種光怪陸離的現象生動地描寫出來。她的描述，讓我們看到了從古至今，有多少國家在面對食衣住行中的「衣」這個產品的跨國境貿易時，真是給足了過度的關注。

紡織品貿易之所以這麼特殊，主要是這個產業正是全球工業革命的起源。工業革命源自英國的毛紡業，發生在曼徹斯特市。自此，紡織業不但是已開發國家工業化的起步，更是開發中國家要躋身工業化的入門券。因為，紡織業不但是民生工業，也是任何國家想要從農業國家轉型到工業國家的必經之路。因為它不但是國家經濟發展初期必將增加的需求，更具有供給增加的誘因，因為跨入此工業所需資本、技術門檻相對較低，只要有勞力即可進入。易言之，簡單的機器設備加上豐沛的勞力就可以進入的產業，當然會是開發中國家工業化初期的首選。

有了以上的前提，先進國家與後進國家的衝突似乎很難避免，因為，後進國家很容易跨過門檻，就代表先進國家原有的就業機會可能被取代。換言之，這類產業很快就會追逐低勞動成本而從先進國家移至後進國家。此時，也必然提供政治介入市場極佳的背景。只要有人登高一呼，政府怎麼可能眼睜睜看著國內龐大紡織業的勞工因工廠外移而失業？怎麼可能不伸出援手阻止這種向下沉淪的競爭？

在十七、十八世紀，最早發生工業革命的英國，曾經立法強制要求不同職業或在不同場合、不同年齡的人，必須穿羊毛所織成的衣服而不能穿棉織品。因為前者是本土材質，後者是由印度進口的材質。沒想到英國保護毛紡織業的經驗，到了盛產棉花的美國，在打不過香港、日本、台灣、南韓的棉織品成衣時，竟然也採取各式各樣保護美國成衣業的貿易政策。進口配額就是最具體而複雜的制度。結果如何？事實證明最終並沒有保護住美國成衣業勞工的就業，紡織品配額制度反倒成了早期擁有出口能力國家的法寶，這常常也是市場中的政治所帶來的結局：想要限制的反而成了被保護的對象，而想要保護的卻反而成了制度下的犧牲者。這種適得其反的經驗不斷重複發生，確實值得省思。

40 運動場上的獎金與報酬

每四年頂尖運動選手在奧運會上競技，各國政府為了鼓勵參賽運動員取得優異成績，經常會有獎金的設置。不過，一個有趣的現象是，各國經濟條件與設置獎金的高低，出現了W型化，或反M型化的情形，亦即高所得與低所得國家政府所提供的獎金少，中所得國家則往往出重金獎勵。這當中究竟有何道理，可以一探。

低所得國家，尤其是非洲和中南美洲國家，有許多田徑賽上表現優異的運動員，但是這些國家不富裕，即便政府想給選手獎金，也因阮囊羞澀而無法如願。相對的，高所得國家，如歐美等地區，這些國家運動風氣興盛，運動選手素質高，理論上政府應該也有財力頒給得獎選手獎金作為獎勵，但實際上這些國家卻絕少甚或沒有這麼做。美國過去對奧運獎牌得主均未頒發獎金，不過在二〇〇八年北京奧運、二〇一二年倫敦奧運金牌得主可獲得兩萬五千美元的獎金。相對於若干新興國家的高額獎金，這仍算是小兒科。

中所得國家或新興國家，例如台灣、印度、新加坡、香港等，政府都設有高額獎金鼓勵選手得獎。例如台灣，凡奪得銅牌的選手皆有五百萬台幣的獎金，金牌選手則高達千萬台幣；新加坡也祭出金牌選手得新幣一百萬元，約合七十五萬美元的獎勵；印度「米塔爾冠軍信託」則設置獎金總額高達一千萬美元的重賞。這些國家不論政府或民間，均有一定的經濟實力付得出高額獎金，同時又渴望藉著選手摘金奪銀而揚眉吐氣，所以祭出重賞策略，希望能在國際體育競技上有好成績。

這種獎金呈現W型化的現象，對中所得或低所得國家的行為可以理解，但何以運動風氣盛行的體育大國或高所得國家，卻吝於給運動健將獎勵？

這就牽涉到愈是運動風氣盛行的國家，運動產業化發展的可能性愈高。優秀選手可以在運動產業中獲得很好的報酬。如果該項運動已職業化，那麼優秀選手自然可以該項運動作為職業，而有相當高的薪酬。同時，一旦成為體育明星，更可以從產品代言中獲得近乎天價的報酬。以曾參加三次奧運共獲得十八面金牌的游泳怪傑菲爾普斯（Michael Fred Phelps II）為例，光是一項產品代言就能獲得四百萬美元的報酬。

換言之，對於高所得國家，不論體育、藝術、文化、音樂等活動，因為消費市場的規模夠大，很容易支持這些活動產業化，有了產業化的發展，選手、藝文參與者或音樂家，即可由市場上得到應有的報酬，當然不必依賴恩給制的獎金或補助來錦上添花。這也是資本主義市場經濟運作下的結果。

所以，當我們看到政府或民間單位對某一方面給予獎金或補助，除了類似諾貝爾這種高度尊崇的獎項外，往往也透露著該領域尚缺市場化、產業化的潛力。如果希望這些活動能夠更普及，那麼高額獎金可能只是過渡，一旦跨過市場化或產業化的門檻，則市場機制下的收入就可以取而代之，成為文化、體育活動優秀人士之市場報酬。屆時，獎金反而不是重點了。

41 新鄭和計畫

明成祖時代，距今六百多年前的鄭和曾經七下南洋的壯舉，在南洋地區留下諸多歷史足跡。二〇〇八至二〇一二年，政府在推展外銷工作上提出「新鄭和計畫」的構想。用鄭和為名，意指鄭氏在當時對南洋與大明朝間，商務、交通關係的拓展與績效上，作為當時改革的一項標竿，其實是有企圖心、有眼界的。然而，這項計畫的命名卻遭遇政治性質疑，何以要以「外國人」的鄭和命名？由於未見到計畫擬議者的說明，也就無從得知以鄭和命名之初衷。

鄭和，回族，本姓馬，又名三保，遂有「三保太監」之稱呼。明成祖永樂三年（一四〇五年），鄭和由蘇州劉家港出發，浩浩蕩蕩出使南海以西諸國，最遠到達印度半島的古里國，到永樂五年返國。隨後，分別在永樂六年、七年、十一年、十五年、十九年，以及宣德五年，前後共七次出使南洋，到達過今天的越南、印尼、馬來西亞及印度等南亞國家和地區，其船隊最遠到過阿拉伯半島和非洲東海岸的國家。

鄭和出海經過的這些國家，主要的宗教信仰包括佛教、印度教和伊斯蘭教。鄭和自己雖是伊斯蘭教徒，但無論他到達哪裡均對當地寺廟及宗教予以禮讚和奉獻。如今斯里蘭卡可倫坡國家博物館中尚保有鄭和所立的「三語碑」，分別以華文、印度淡米爾文、波斯文說明他對各宗教之尊重。

如果「新鄭和計畫」的倡議者，是基於上述鄭和能多次大規模出海宣揚明朝國威，並促進海上絲路的進一步發展，來象徵六百多年後台灣在對外貿易推展上的雄心，應該在命名上無可厚非。而議論者如果因鄭和為回族人，就認定他是「外國人」；或者以大陸和台灣一邊一國的觀點提出非議，對照於歷史中的鄭和足跡橫跨亞非兩大洲，對不同族群、宗教信仰展現跨文化領導者的雍容大度，那就顯得過於小氣。

如果把鄭和「三語碑」所代表的世界三大宗教與族群做一番延伸，可以發現對應的是當今的中華文化、印度文化和伊斯蘭文化三大族群，這三大族群的人口各有十三億人。印度目前在本國人口雖不足十三億，但若把海外印度人計入則達到此數；伊斯蘭族群則包括東南亞、南亞、中亞、西亞、北非及歐洲巴爾幹半島等地區信徒，合計超出十三億。

因此，概略而言，「三語碑」代表鄭和對如今擁有各十三億人口的國家與地區之宗教、寺廟表示禮讚。藉此引申出這三個十三億人口之經濟及市場的重要性，相信是「新鄭和計畫」的現代意義。

尤其是金融海嘯之風暴源頭是過去自詡金融體制相對較進步的歐美，連這些地區也深陷經濟衰退之苦，相對受到衝擊較小的正是這三個擁有十三億人口的地區。所謂風水輪流轉，正代表這個地區重要性的提升。

有人說台灣由於在國際政治、經貿關係以及出口貿易的偏好上，相當傾向歐美，因此在許多國際觀上都是以歐美，甚或以美國馬首是瞻。這在多元文化、跨國文化相互激盪的當前情勢下，似乎過於褊狹。如果，新鄭和計畫代表著以這三個十三億人口的市場作為目標，而以更大的跨文化學習作為基礎，相信不但對台灣經濟，並且對台灣國際地位與文化均有更豐富充實的作用。

42 「優質平價」的定位

「優質平價」是政府對外經貿策略的一環，其緣起是針對若干新興經濟體，譬如金磚四國或印尼、越南等快速崛起的國家，擬定推展市場的策略。這項策略不以國家為限，而改以經濟發展特性作為目標市場選定的依據，再據以研析其市場特質，採取適當的行銷策略，作為攻取該市場的著力點。

台灣是一個外向型的發展經濟，意指經濟成長的來源相當依賴出口市場的貢獻。過去以美、歐、日已開發國家為主要市場，但隨著金融海嘯的衝擊，這些國家的進口能力受到影響，甚至有可能改變全球貿易的比重。歐美日等國家無法長期以貿易赤字來拉動經濟成長，中國、印度、俄羅斯、巴西等國家的國內需求將分擔全球經濟成長的責任。如此一來，自然也使世界經濟成長動能由已開發國家向這些新興經濟體傾斜。為因應此一轉變，重視後起的新興經濟市場應屬當然。

因此，進一步評估新興市場未來的發展，再看看歐美日等地的高價名品，由於需要長期品牌的經營，甚至是通路的建構，在打入新興市場的同時，若還想與已開發國家的知名品牌正面迎戰，台灣很有可能落入「開發自有品牌」與「從事代工」的矛盾中。然而，若能及早開始關注新興市場的潛在購買力，並嘗試到相關地區的通路上開疆拓土，應該是戰略上可以思考的一個方向，這也正是「優質平價」構想的由來。

當然，若對照龐大台商的經營模式，「優質平價」所要走的路線，與傳統上較熟悉的透過貿易而採行的大量生產、降低成本為生產導向的企業發展策略很不一樣。台商企業固然需要進行嘗試性的探索，政府的政策也要有相應的配套，這正是「優質平價」策略的內容。同時，由於新興經濟市場的特質屬性不一，還需要分別針對不同國家進行不同的策略研擬，無法一體適用，這也正是初期會有若干高門檻的道理。

當然，作為策略的一環，其本質就在於篩選，就在於取捨。針對未來具有潛力的市場，因其屬性不同、風險不同、難易不同，所需要投入與經營的力度自然也不同。不過，如果能夠經由在政策資源上先行投入，再由民間接手，或政府民間合作，並在必要的評估後，作出抉擇，甚至搭配「留學生政策」等來彌補雙方瞭解的差距，都是可能的政策選項。

所以，「優質平價」是一種市場區隔定位的策略。在這些潛在的目標市場當中，台商在中國大陸已相當活躍，至於印度、俄羅斯、巴西、印尼等都是可以認真考慮的目標，也還有相當大的投入空間，這可以經由資源的盤點與市場的評估兩方面同時著手，相信加上若干年的努力，必然會有所成。

43 誘因機制宜妥適訂定

二〇一〇年，郝龍斌在競選台北市長連任時，曾提出以舊屋一坪換新屋一坪的比例，以提高都市更新的誘因，鼓勵更多市民願意參與都更。然而，這項政見一出，市面上的都更案不但未見增加，反倒有部分原本即將成案的案件，面臨地主喊停或退出的窘境。為什麼？因為大家都在期待更好的都更交換比例，所以寧可暫停，也不願以原有的比例達成交易。

這是一個標準的「誘因機制」所引發的問題。人類社會中，政府或任何行政單位，為了達成某項目的，經常會採取若干獎勵措施，當然也會為了防止某些行為，而提出懲罰措施，兩者都稱為誘因機制。誘因機制若訂得好，可以事半功倍，達成目標；反之，若訂得不好，就可能出現類似的情形，即原本希望鼓勵，卻帶來反效果。

都市更新對於市民居住環境的改善具有正面意義，但若條件過於寬鬆，固然有利於推動都市更新，但也可能因為容積率過高，反而對居住品質造成負面影響。用容積率來鼓勵市民配合都更，表面看起來有利於推動，但這項機制其實是一把雙面刃：雖然原屋主配合都更的意願提高，建商卻可能因為成本增加而打退堂鼓。

當然，這一翹翹板的作用，在經過若干時間的調整之後會達到平衡，但可能使都市更新這一政策「欲速不達」。這種誘因機制的設計，經常因不平衡而無法達成原本預期的目標，其中當然也與人性的貪婪息息相關。都更條件的調整，必然會引發有利的一方因為期待提高，而使原本可以成交的案件遭到推翻而延宕。這顯示誘因機制的調整是重要的，且具有相當的挑戰性。

從一種機制狀態轉換到另一種，原本就會對人們產生各式各樣的衝擊與影響，進而改變先前的選擇。例如幾年前教育部為了配合十二年國民教育，提出廢除國中基測的作法，立刻引起社會兩極的評價。即使現在「國中教育會考」已取代基測正式上路，但許多學生、家長、教師與學校仍在適應期。這又是一個因為誘因機制轉變而引起廣泛討論的案例，其實社會上各式各樣的誘因機制，每一項都有其傳統與習慣，一旦要轉變很容易引來爭議。

如何擬訂優良的誘因機制，正是各項制度所面臨的考驗。而機制的良窳，當然與該機制能否達成訂定的目標有關，例如為了避免少子化所產生的社會失衡，生育政策早已由節育轉為鼓勵生育。那麼如何鼓勵生育？用什麼方式去鼓勵？需不需要附帶條件？會不會產生副作用？就是誘因機制設計時的主要內涵，也是該項機制成敗的關鍵。

這麼看來，公共政策的討論，其實就是誘因機制的取捨。當然，如果連誘因機制所要達成的目標，都言人人殊，那麼誘因機制的討論和抉擇，自然難以聚焦，也就無法形成共識。此時，需要的是溝通和說服，如果直接就進到誘因機制選擇，必然是一場沒有贏家的論戰。

44 績效掛帥或機制優先？

隨著時代的進步，台灣的都市更新對都市發展愈來愈重要。然而，由於事涉多方利益，再加上彼此期待落差甚大，因此經常出現陷入僵局的個案。這當中，媒體輿論常有都更績效的探討，從經濟與社會的層面出發，我倒認為與其關心績效的高低，還不如關注機制的健全與否。

都更的推動是老舊都會區提高土地利用，改善生活機能的重要手段。否則都市發展達到一定程度，就只有任憑其過度開發，擁擠、衰敗卻無法就地更新，最後走上逐水草式開發、移居的循環模式。這樣必然帶來須不斷重複進行龐大公共建設的壓力。因此，除了新社區的適度開發外，都市更新成了必要的配套措施。

基於此番認識，社會輿論常常論及對都更的期待，不自覺地把成功推動都更的案件、戶數，作為評估施政績效的指標之一。因此，如果都更績效不彰，甚至增長速度不能令人滿意，就會成為相關單位的施政壓力。然而，若一味要求都更績效，政府就被迫要往開發單位（如建商）的立場、開發的便利性傾斜。結果往往造成原地主、原住戶的利益受到壓抑。這正是類似之前台北「文林苑」案件中拆遷戶的主要訴求點。

以上現象，造成原本應扮演都更中立仲裁者的政府，在實務上容易被捲入成為利益的糾結者，甚至是利益分派的當事人一方，再加上背負都更政策績效的壓力，角色必然尷尬且動輒得咎。這也是事件爭議過後，法令修改偏向開發單位必須獲得所有地主同意的原因。此時輿論往往又反過來批評政府，指稱未來都更案績效可能掛零的質疑，政府不自覺陷入「父子騎驢」般無所適從的困境。

由於都更案的兩造：地主和開發商，其利益分配原屬於零和賽局，即一方多分配，他方就必然少分配。所以，如果不讓彼此直接面對面議價，任何第三方要想扮演利益分配的仲裁者，最後必然成為利益分配無法達成的「石磨心」，吃力不討好，還很容易成為事件當事人遷怒的對象。因此，政府宜釐清角色定位，謹守利益仲裁的中立者立場，不宜偏向兩造任何一方，同時要擺脫追求都更績效的心態，只有如此，才能讓雙方共享都更所帶來的利益，雙方如果協調破局也必須共同承擔損失。如此政府才能扮演體制的關鍵性支點，以平衡地主和開發商間的利益；少了這一個支點，就沒有平衡的可能，甚至支點若不在該有的位置，也會破壞平衡。

這是政府應該去建置並維護的機制，其關鍵恰恰與政府過去的心態背道而馳，那就是政府不應過度關心，而是要克制這種關心。所謂「欲速不達」，這時候「欲擒故縱」才可能使利害雙方不會因為有政府當靠山而漫天要價，畢竟都更案的目的，不是以簽定協議為目標，完成都更重建才算功德圓滿。

45 移動的商機與隱私

隨著資通訊科技（Internet and Communication Technology, ITC）的商業化運用，人的所在位置與其移動成為行銷的利器。然而，隨之而來的個人隱私權保障，就成了爭議的焦點。蘋果手機就曾遭遇其數據安全出現漏洞的質疑，雖然後來獲得暫時性的平息，不過資訊安全與資訊隱私的陰影仍在。

從個人電腦發展到網路，使人類在資訊分享上走入一個前所未有的寬廣平台；到了行動電話，使得每一組「個人電腦」滿街跑。這種移動性把行銷資訊的動態位置（location）明確化、即時化，若與個人資料搭配運用，將使個人化的消費資訊內容更為充實，因此成了許多資通訊業者眼中的寶藏，透過一定程度的挖掘（mining），將有可觀的商業價值。

網路世界成形以來，谷歌（Google）、雅虎（Yahoo）、臉書（Facebook）等網路公司主要的收入來源就是廣告。他們的廣告充分利用網路的特性，讓人可以在極短時間內搜尋到相關資訊，這項強大的功能，使得傳統的行銷思維和方式發生了根本性的變革，甚至營造出網路世界新的企業巨人。

蘋果在3G、4G通訊的崛起，可以說又創下了一個新的驚奇，由於iPhone智慧型手機把眾多運用性軟體集中於App Store，並以大量且平價的方式提供給消費者，這種手機智慧性運用的創新經營模式，受到廣大蘋果迷的喜好，颳起新的蘋果旋風。而拜蘋果智慧型手機熱賣之賜，其中原本就附加的iOS因有衛星定位功能，自動將iPhone使用者的發話「位置」做了紀錄，如果再結合一些商業廣告的操作，所蒐集的行銷資訊將極有價值，據業者估計，這種定位資訊價值可能高達兩百六十億美元。

曾經利用過Google地圖的人，都會驚訝於那麼輕易地就能由網路上獲得衛星地圖資訊，只要一上網，就可以找到辦公室或住家的清晰衛星地圖，這也是網路世界在「行跡」資訊上的一種驚人成就。如果廣泛與行動通訊相結合，就更加凸顯出「行跡」資訊化蒐集的便利。換言之，「位置」這項個人隱私，只要透過類似iOS的功能加以追蹤、蒐集，那麼個人的行動就由通訊公司全盤掌握了。過去警方在查辦案件時，經常會有調閱通聯紀錄的需求，如今不僅通聯內容，連通聯位置都無所遁形。

拜資通訊科技之賜，將一個人在什麼時間出現在什麼位置時時記錄下來。這當然是一個極富價值的商機，自然也衍生出侵犯隱私的爭議。未來，保護隱私或拓展商機勢必會成為消費者與業者雙方的拉鋸戰，一旦商機派占了上風，此種位置資訊的運用型態與創新都是可能的商機；若隱私派占了上風，那麼就會有更多的法令或道德勸說來約束業者在有限的範圍內利用這些資訊。到底資通訊科技的未來將往哪個方向前進？正是觀察未來社會發展的一個重要指標。

46 從產業鏈到產業網

如果要界定產業當中各廠商間的關係，除了完全不相干的獨立狀況，要不是平行的，要不就是上下垂直的。如果屬於上下垂直關係，在產業價值鏈中就是大家所熟悉上下游的概念。然而，隨著網路的發展，以及線上線下互動經營（OIO, Online Interacts with Offline，或 O2O, online to offline）的多元組合，原本具上下游線性關係的「產業價值鏈」如今已經蛻變成「產業價值網」。僅僅一字之差，卻代表著產業生態環境的全盤改變，也把產業關係由直線變成曲線，甚至於由平面變成立體。

在傳統的上下游「價值鏈」中，廠商彼此間固然是脣齒相依，但利益上存在著零和關係：上游賺得多、下游就賺得少，彼此的利潤取決於議價能力。但到了「價值網」的階段，就形成了生態圈。在這個相互連動的網絡中，關係是來自四面八方，甚至互為因果的，此時廠商之間必須透過平台策略，共同對顧客分享價值和擴大利潤。正如一般勵志的文章所說的：「不是分餅、而是聯手把餅做大，自然使分到的餅擴大、增長」，就是這種情形。這也是大家期待的一種新的共生、共好關係。由於要處理好這種來自四面八方的關係，傳統線性規劃（linear programming）已無法因應，因此網路、雲端就成了必要的工具或處理模式。此時，雲端平台應運而生，成了新的策略概念。因此，平台經濟學將成為下一個階段的主流，未來廠房、產業、生態圖都將架構在雲端平台而成為互聯網的一員。為了迎接未來新的產業網絡關係，許多人的認知、觀念、思維、行動、策略，都要進行徹底的調整及改造。

在這場大轉變的過程中，到底是大規模企業有利或小規模企業有利？根據目前的實證結果，答案可能是企業規模很大或很小都有機會，但不大不小可能最不利。在全球化的趨勢下，大規模甚或超大規模，自然有可觀的規模效益；反之，小規模甚至沒有固定成本的小規模，就有打不倒的利基，再透過超強的彈性，應變能力顯然不容忽視。尤其一旦加入平台或互聯網，將具有如虎添翼的威力。

過去，台灣企業一直有明顯的中小企業情結，也就是「寧為雞首不為牛後」的價值觀。這種文化特質正是造成台灣和南韓產業組織結構差異的主因。尤其是近期的發展，似有愈發凸顯這項特質的現象，例如南韓在手機、汽車、鋼鐵等領域早已培育出國際級、有品牌且具全球領先地位的知名企業，台灣卻依然徘徊在以代工為主的產業生態圈。

台灣的中小企業情結，經常使企業經營者陷入主控權、自主權與發展間的天人交戰。也就是當企業在追求發展的同時，又非常擔心經營自主權、主控權的喪失，這是台灣企業發展不大的原因之一。

如今，大小企業在平台經濟的時代，有機會透過平台共織產業價值網，化零和為正和的賽局，這是另一個契機。換言之，在由「產業鏈」往「產業網」的典範轉移過程中，台灣企業的靈活、彈性及對外開放的特質是優勢的保證。

47 個人化與群體化

在網路成為平台的時代，似乎呈現出繽紛多彩的面貌，甚至許多原本位於座標兩端的極值竟然可以同時出現，甚至還能夠相乘、相加，變幻出各式各樣的組合。在網路平台上，可以是最個人化的發展，也可以是最群體化的呈現。所以，「個人」與「群體」成為兩個鮮明的極端座標與眾數，這也是所謂M型化社會的最基本雛型。

類似的案例可以說俯拾皆是，例如網路平台上隨時可以發起快閃、抱團的活動，但也經常得面對網路上的空虛、寂寞；隨時可以找到人，但也容易成為漠視他人的低頭族。甚至於市場價值會出現大崩壞的情形，例如原本需要付高價格的，一下子被完全免費所取代。甚至於有「羊毛出在狗身上」這種奇妙的價值轉換、價格翻轉的現象，例如透過贈品券的發放，使廣告行銷費用移轉至贈品提供商。漸漸地，連市場機制的根本都遭到侵蝕，導致意想不到的轉化，譬如所有權與使用權的分離，這已經在汽車市場上看得到。其間，買賣汽車的市場會有顛覆性的衝擊，甚至家庭、公司停放汽車的空間備置也將出現大變化。

當然，已逐漸成為社會發展最頭痛的資源分配問題，也會在這個過程中或者加劇，或者獲得舒緩。這樣的場景絕對比狄更斯筆下「最光明的時代，也是最黑暗的時代」更要精彩絕倫。

在這樣的大時代背景下，幾乎每個人都受到牽連，不論群體、國家、種族，區分他、我的界線也會跟著調整，甚至於從法律概念的國界，到網路世界，該如何定義與劃分也將面臨新的挑戰。

未來的 WeChat、Line、FB、Google 的使用者，會各自成為不同國度的成員？彼此將因為使用相同的媒介溝通，使其凝聚力甚至於超過國界？屆時，人不再需要「用腳投票」，而是用滑鼠了。

由於這種世代交替與轉換的現象愈來愈明顯，可能帶來的衝擊也愈來愈不能忽視。所以，各種各樣世代的標誌性說法，也愈趨流行，例如工業4.0，這是把互聯網這種網網相互串連的平台，無限延伸的一種可能。

至於，如果講回來商業交易模式，也可以看到一些演進的趨向。從產銷路徑來看，也就是現代人所理解的通路，其間就經歷許多行銷流通教科書上探討的主題。由於過去行銷通路的限制，所以中間會有批發、零售的流程，造成生產商無法直接把商品交到消費者手中，這也就成了間接行銷的原型。反之，也有些廠商試圖把中間的流程簡化，這就是直接行銷或直銷的濫殤，包括有郵購、傳銷等型態。到了網路時代，以人際互動為主的傳銷和網路電商的結合，又是另一種新型態。

此時，所謂線上線下的互聯網概念，很自然就把人和網路相互結合。尤其在線上利用便捷的網路連通之後，再搭配原本傳銷的人際互動關係，自然形成一種極具擴展力、影響力的行銷網路，若將之稱為互聯網組織行銷，亦頗為貼切。這個新型態又成為把個人化和群體化加以統整的新案例。

48 共享經濟的興起

伴隨著網路的發展，「共享經濟」（sharing economy）成了現在和未來一個受期待，也受熱議的創新經營模式。

這種萬物皆可透過分割出租而分享的方式，正在食、衣、住、行、育、樂各方面，不斷滲透、不斷改變人們對物品的擁有及使用的觀念，進而衍生出許多過去沒有的所有權和使用權的配套組合方式。

從電腦到網路，人類社會所產生的進步與改變，絕對不僅僅把人腦到電腦的個別計算能力差異乘以電腦數量而已。透過網網相連所形成的聯網效應，不是單純數量的相加，甚至也不是相乘而已，或許更有可能的是類似2的n次方這樣的指數成長型態。

透過這樣的量變，會對網路世界與生活型態帶來更多樣的根本性衝擊及質變。

這當中，傳統上個別擁有、個別使用的單純型態，雖然不見得會被完全取代，但可能出現更多元、複雜的「擁有—共享—擁有」的套組型態。

所謂的共享是指我們不必然要擁有某個資產的所有權，但可以透過租用的方式獲得使用權的效用。這樣的運用方式，可以大幅減低為了擁有而產生的一次性大額購置支付，取而代之的是租金或使用費。

其實，對物品租用、借用的歷史，早就發生在人類社會，甚至於早有租賃業的存在。那麼，為什麼說「共享經濟」現在才要興起？最主要是由過去的B2B租賃，擴展到今後的C2C租賃。

如此一來，租借用的頻率高、次數頻繁，這時候就要借助於可以精準計次、計時、計費，甚至還要有預約、提醒、導航的輔助性功能搭配，這些正是資通訊科技和系統，在網路時代不斷創新發展的核心場域。缺了這個元素，共享就會卡卡的，就不會順暢。

美國因資通訊技術及應用的領先，無疑又是「共享經濟」的領頭羊，所以許多生活制度的創新、實驗、體驗，也大多濫觴於美國。同時，這場生活制度的創新，也肩負著下一波科技應用的競爭，自然也連結到下一輪全球投資的動向。因此成了新世代投資資金競相追逐的指標。

美國舊金山延續在這方面的角色，如今可以說是「共享經濟之都」，也成了相關實驗性資金匯集的焦點。觀察所有的創新投資熱潮，先是技術作核心，再擴大到各個應用領域，隨之而來的投資亦然，也沿著這樣的足跡前進。

每年在這裡舉辦的共享競技大秀 TechCrunch 破壞大會（Disrupt），焦點都在於「共享」這個概念，又在哪一個點上破壞了傳統哪些營運模式。所以，這個大會正是觀察共享經濟「明日之星」的最重要舞台。

去年的共享計程車（Uber）、共享住宿（Airbnb）最為吸睛，也打響了「共享經濟」的名號。今年則又有專為企業處理煩人的人資系統的 Zenefits 登場，還有送餐系統的 Sprig。其中，Zenefits 可以說把共享經濟的應用由 C2C 轉到 B2B，開闢了企業間的共享先河，把企業惱人的人資管理透過軟體平台共同處理，以解決文書作業的痛苦。Sprig 則是共用知名大廚的餐飲外送。

事實上，共享的應用正滲透到生活的各個領域、各個國家。這次台灣也首度有政府遴選並資助的團隊參加，包括有教人程式設計的 Codementor、教個人對個人設算分期付款的 Installments、最即時真人社交語言翻譯平台的 Linqapp 等，真可以說是百花齊放的局面。

在資通訊科技的不斷創新，在共享經濟生活型態的不斷深化，兩者將成為不可逆的螺旋式交互影響，可以大膽預測：這將帶領人類生活進入另一個境界，也指出未來的產業發展及投資方向。

經濟學人這樣看教育

49 經濟、教育與人生

二〇一三年是筆者滿六十歲的一年，在短短的人生歲月當中，從出生到工作，當時正好滿一甲子。對個人來說，這個數字很適合對過去的人生作一個階段性的總結。

題目中的「經濟」指的是自己的專業，從十八歲進入大學成為經濟學系的新生開始，就未曾間斷地在經濟學的領域中學習成長，久而久之，面對社會琳琅滿目的議題，從問題的建構、分析的框架到對策的研擬，很多思維模式都不離「經濟腦」，也作了一輩子的經濟人。

題目中的「教育」指的是自己的工作，從二十二歲大學畢業起就在母系擔任助教，開啟了工作職涯，迄今未曾離開過。置身高等教育領域，日後自然成為教育工作的一份子。尤其十年前自公立大學退休轉至私立大學服務以來，工作重心亦從教學研究轉至教育行政，更加重了「工作」的權重和成分。

題目中的「人生」指的是自己對生命的追尋，從早期的宗教信仰到十多年來作為身心靈領域的旁聽生，這個歷程到目前還是現在進行式，好友金惟純最新著作《還在學》的書名可說正是我的寫照。

我相信，人生的意義就在於圓滿一個追尋的過程，重點不在於年歲的長短、物質的貧富、名位的高低，更重要的核心價值就在於作為一個人的學習和體驗過程。

我是幸運的，因為可以把專業和工作緊密結合在一起；我更是得天獨厚的幸運，因為專業和工作都是我的興趣之所在。所以，我可以在自己有興趣的工作中，同時獲得滿足和成就，尤其教育工作又是一種啟發別人，把快樂建築於別人成就上的一種事業。進一步說，教育行政工作者更是一種透過種種制度設計去引發教育熱情的人，因此，截至目前的人生，我一直在唱著生命當中那首快樂的歌。

除了把專業運用在工作中，我也把專業運用到工作以外的社會服務，包括在與公共政策相關的財團法人服務。同時，除了學校教育外，我也透過平面和電子等各式媒體，進行多元化的社會教育和推廣活動。

這些歷程對於自己生命意義的追尋，當然也提供了相當豐富的素材，同時也必然會帶入自己的工作當中。因此，在為學生和老師設計課程時，自然也就多了一些思考的方向。

面對當前和未來的環境，少子化已經成了台灣高等教育發展的嚴峻挑戰，這會不會使自己最愛唱的那首歌戛然而止？使自己的專業、工作、興趣同時面臨危機？這些現實的問題不是此處企圖探討的，我堅信只要保有初始的熱情，教育的火把就可以持續燃燒不會熄滅。

簡單回顧過去一甲子的生命，充滿的是滿足和喜樂，這就像是在人生的這部汽車中填滿油料，隨時蓄勢待發。雖然面對當前少子化的衝擊與壓力，但我的熱情，使得擔憂毫無存活的空間。

50 種大樹或養盆栽

很多人都用樹苗來形容孩子或下一代，也把樹苗長大的過程用來比擬小孩成長的過程，看著小孩或自己的下一代日復一日地長大，就像看到小樹苗慢慢長大一樣地令人感動。

「十年樹木，百年樹人」，說明要把樹苗栽培長大，需要花費十年工夫，但教育一個小孩長大成人，要花上十倍的時間。除了時間長達十倍以外，「樹木」與「樹人」的最大差別恐怕還有心力的投入，其差距甚至要超過十倍以上。

然而，種植和栽培樹木的心態與方式卻可能提供另一種教育下一代的啟示。一般植物成長需要陽光、空氣和水分，在某些條件下，可能還要施加一些肥料或農藥。就算使用相當粗放的方式去栽培，樹木還是能自然長大，樹蔭就可以遮蔽日照。但是，如果要養一盆盆栽，那麼除了陽光、空氣和水分以外，就要付出更多心力去壓枝、修葉、雕塑樹形、搭配盆景等等，其投入的心力恐怕比諸種樹更要超過十倍以上。

以種樹與盆栽作為對比，可以作為養育小孩時的參考，端看你想把自己的子女養成一棵大樹或一盆盆栽？

一棵大樹可以成為棟樑，一盆盆栽具有高度觀賞價值，這是由其最終功能來看，也是由社會功能性價值來論斷。

但若就樹木本身，一棵大樹可以在合宜的環境下自由自在成長、實現其最完整的生命歷程。而一盆盆栽，無疑地幾乎沒有自主成長的空間，而必須在培育者的意念主導下，成長成別人所期望的樣子。

棟樑與盆栽的價值其實無法比較，即使它們有金錢價值的高低，但究竟要成長為一棵大樹或一盆盆栽，端視栽培者的選擇而定。同樣的，在培育下一代時所採取的方式，也同樣有著「種大樹」與「養盆栽」這兩種可供對比的選擇。

如果你用的是種大樹的態度去看待子女的教育，那麼你所需要給予或付出的，除了陽光（愛）、空氣（基本物質條件）和水分（良好的身教與言教）之外，其他的便是自由、自在與自主，再加上陪伴。

反之，如果你選擇養盆栽，那麼就要從子女的出生、學業、就業、交友、婚姻等方面投入比種大樹多千百倍的心力，將他們雕塑成你心目中所期望的樣子。但是就實際情形來看，這麼做失敗的比例往往偏高，即使勉強完成，也只是成就了父母，壓抑了孩子。

51 要作墊腳石，不作絆腳石

「要作墊腳石，不作絆腳石」——這是一位身心靈老師在談到父母與子女關係時對於父母角色的期待。相信沒有哪一位為人父或為人母的會反對這句話，但是一旦實踐起來，會不會不僅無法成為墊腳石反成絆腳石，那就很難說了。

沒錯，就是因為出於愛，但也由於愛得太緊，愛得無法放手，所以明明想要扮演墊腳石的，卻不自覺成了絆腳石。子女出自於父母，因此，每一對父母對子女總有割捨不掉的親情與愛，父母眼中的子女也總是長不大，需要呵護與照顧。

就因為這一份天性的感情，使許多父母害怕失去他們的摯愛，也害怕子女在成長過程中受傷害，因此往往採取高度照顧的方法，希望子女在他們的庇護下長大。這份天性，甚至不僅僅人類有之，連許多動物的幼崽，例如幼獅、幼虎或種種鳥禽，也都有一段高度受呵護的階段，否則無法順利存活。

但是動物和人類的差別在於：動物知道從什麼時候開始必須放手，必須訓練下一代自行謀生、自行獨立，因為唯有如此，牠們的下一代才瞭解如何在高度危險與競爭的環境下存活。

僅有人類，懂得透過儲蓄與財富的積累甚至知識的轉移，超越時間與體力的自然限制，對下一代給予超乎需要的呵護。甚至因為過度的照顧，而介入下一代的各種選擇與決定。從小到大，從讀書的方向、志趣，到與同儕的競爭與未來工作就業的方向與設定；乃至於人生的伴侶、婚姻的考量等等，作為父母的總認為在愛的前提下，不可以不加聞問，甚至不可以缺席。

尤其是以過來人的資歷，擁有見多識廣的經驗，怎麼可以不給自己最愛的子女意見，進而協助他們作選擇、下決定。父母猶如子女的人生教練，原本應在旁陪伴，不知不覺中卻轉換成選手的身分，其出發點絕對是愛，但就因為不懂得如何鬆手，以致於造成教練、選手身分的混淆。

子女無法在成長過程中走自己人生的道路，作自己的選擇，一大半輩子是在過父母的人生，而不是自己的人生，結果常常使子女無法順利修習完成自身的成長課程，而父母最後也成了子女成長過程中難以跨越的絆腳石。

其實，父母對於子女最重要的責任是陪伴。陪伴在子女身邊，但不應過度介入子女的成長。父母在陪伴過程中，可以與子女溝通、討論，可以把自己的知識和經驗和子女分享，但該把選擇的權利完整保留給子女，這樣子就能成功扮演墊腳石，而不是絆腳石的角色。

52 隊長、教練與啦啦隊

我們常聽到人說：校長兼撞鐘，形容一個人必須身兼數職、上下兼顧。自二〇一四年二月起，在個人職涯的歷練中，又有一項新的紀錄，那就是不但繼續「撞鐘」，而且即將在自己原本服務、擔任校長的學校，連續撞相同的鐘，開啟了第二任的任期。

截至目前為止，筆者已在兩所學校擔任過校長，這樣的資歷相較於許多教育界的先進，實在不足掛齒。但是，由於喜歡不同的體驗，不喜歡重複的工作，所以在相同的行政職位上幾乎沒有續任的經驗，這應是自己職涯上的新鮮點。

當然，這樣的發展一定有其主客觀的條件，姑且不談這些條件，倒是在這些撞鐘的體驗過程中，也撞出了自己的一些心得和感觸。個人對大學校長這個角色的體會是，他是團隊中的隊長、教練和啦啦隊。

就隊長的角色而言，他也是參賽者，經常要身先士卒，一馬當先，因此本身就必須是好的選手。

就教練的角色而言，他雖不是參賽者，但對賽事規則、參賽各方瞭若指掌，同時有很清明的洞察、靈活的調度，可以把團隊戰力發揮到極致。

就啦啦隊的角色而言，他既是隊長、也是教練，大多在場邊觀看，主要擔任加油打氣的任務。

在續任校長這個職務時，不論客觀的事實或主觀的期待，我很自然會去檢視自己所扮演的角色。我發現上述三種角色分別在不同時間，或分立或合體地發生在自己的校長生涯中。換個角度來說，大學校長兼具這三種角色和身分。

依照台灣現在的制度，大學校長必須是合格的教授，因此大多數情況下，校長都有在大學裡教學、研究、行政服務的經驗。所以，大體上應該都有過一段擔任隊長去帶領同仁的經歷。

到了擔任教育行政工作時，他還必須有教練的特質，去瞭解各項學術的競賽，去爭取各種資源，以帶領學校在學術上不斷進步。當然，有許多在學術研究上仍然持續保持很高地位的大學校長們，不斷締造各項學術成就，贏得各種學術研究桂冠。這就是隊長兼教練的範例。

此外，在校園裡對其他同仁或同學的工作成就和表現，給予肯定並加油打氣，也是校長很重要的一項任務。

其實，教育中的一個重要元素就是，透過教導與學習的互動過程，把學習的熱情傳承下去，進而達到激勵的作用，這應該是每一位教育工作者最大的成就，也是其在工作上最大且無可取代的樂趣。

所以，我一向期許自己：在校長這個職務的時間愈長，扮演啦啦隊的角色要愈稱職。希望藉著給予同仁和同學的肯定、鼓勵、加油、打氣，能夠一同分享每一個人的成就與成長。甚至在他們經歷挫折、失敗時，作為啦啦隊的一員，仍然持續給予關懷和支持，這也是當時續任的重要任務之一。

53 教育管制下的扭曲

對於教育部長老是由大學校長出任，許多家長與團體感到不滿，主要是因為他們認為大學校長對於中小學教育未必能有通盤瞭解，難以解決現存的教育問題。這種認知可能與近二十年來的教育改革結果未能符合多數家長或社會期望有關。

有人認為教育問題難解，是因為每個曾經為人家長或當過學生的人，都是教育事業的參與者，自然會以自身的經驗來看問題，難免眾說紛紜，難有一致的看法。

過去教育改革的原始出發點是為了加大升學窄門，改善聯考這個使學生承受重大壓力且單一或唯一的考試取才制度，避免造成嚴重的考試引導教學，使教育內容「窄化」成了應付考試，取得高分的工具。

為此而展開的一連串「改革」措施，包括廣設高中、大學等，試圖由供給面著手紓解供不應求的現象，結果又因人口結構出現了少子化現象，而造成如今高等教育供過於求，使得升學率很快就要突破百分之百。但是與此同時存在的是，考試領導教學、升學壓力依然存在，甚至並沒有多大的降低或消除。

面對這一矛盾現象，教育改革的另一個重點轉移到從入學取才的路徑和手段上著手，因此有多元入學的種種方式。然而結果似乎離教學正常化或降低升學壓力的目標愈來愈遠，或至少是沒有看到獲得有效改善，只是形式上的聯考被會考、學測、統測、指考等不同的檢定所取代，考試依然主導著教學，甚至在取消教育部編教科書後，又引發了「一綱一本」和「一綱多本」的爭議，證明入學競爭壓力一直沒有減少。

為什麼在大專教育供需缺口已大幅改善和大學數量過多的情況下，升學壓力仍然無法降低或排除？

一部分的答案是當前大學教育的收費與品質出現嚴重的反差。排名在前的台清交等國立大學，相對擁有較多的資源，學生畢業後也較受企業的肯定，求職相對容易，且其學費因獲得較多政府預算補助，反而比私立學校便宜，自然吸引了成績較好的學生。簡言之，國立的好學校是「價廉物美」，能夠進去就讀的學生實際上是享有很高的「消費者剩餘」，即實際付出的價格遠低於願意付的價格。

這種品質遠超過價格的現象，正是長期以來升學壓力無法有效降低的關鍵。我們社會能夠接受少數高學費的私立中小學存在，讓願意且可以支付高學費的家長將子女送進「貴族學校」就讀。在價格、品質一致的情況下，這只會是社會少數家長的選擇，不會成為升學取才的壓力。對照之下，高等教育品質、價格嚴重扭曲的現象若不解決，教改將事倍功半。

54 拿同一把尺量所有人

如果要評量學習成果，當然應該用同一題目、同一標準做基礎，這樣才會公平，也才能比較成績的高低。這樣的評量方式行之多年，在教育體系裡更是習以為常。不過，如果在激烈的競爭中，完全依賴評量分數，最後就會導致以考試領導教學，造成教育思維的扭曲。過去由於高等教育供不應求形成聯考窄門，致使社會上對教育改革凝聚了高度共識。然而，教改二十年來問題依舊，似值得再做探究。

用共同的標準衡量某一科目的學習成果，似乎言之成理。但這些科目為什麼是數理、語文、社會？為什麼只著重於邏輯推理、背誦、分析？這些被選作考評一個學生智育高低的科目，是否就是判斷一個人資質優劣的唯一標準？如果我們將評量的範圍擴大，問題的複雜程度將會升級為：是不是還要繼續用同一把尺去衡量所有人的資質？

這也正是教改二十年來，還沒有被正視、處理的問題核心。所謂的多元入學，反而成了學生們更大的負荷與學習壓力。因為那些選為必考的科目，一直沒有被檢討或放棄過，所以愈多元，考評科目就愈多。一個學科成績不好的學生，是否有機會和權利接受更高等的教育，在社會上許多人的觀念中，包括教育界、學校與老師的眼裡，都是有所質疑的。

這種高舉智育、學科成績，卻往往把其他術科和智力表現摒除在外的思考和舉才框架，正是當前學校教育的盲點，更是扼殺創造力與創意的根本原因。其實，人類社會的多采多姿，正是因為人類智力包括了分析力、創造力與務實力，範圍涵蓋了語文、音樂、數學、空間、肢體動覺、人際互動和內省。

只依據選定的科目，透過考試成績的高低來篩選學生或者評量學習成果，自然會出現考十八分進大學，引來媒體對此大肆批判報導的結果，也自然無法跳脫教育本質上的束縛。當然，在多元入學的旗幟下，已針對在音樂、美術、體育上具有專業的學生給與加分錄取，但骨子裡還是以基本學科為基礎的一種點綴。換言之，高等教育體系還是不太能接受一個對數學完全不懂但在攝影上有突出才能的人。

現行教育體系還有另一個可怕的價值觀：不但只選定少數科目來評斷一個學生的智力，而且這些科目還擁有不同的社會評價，例如：數理優於社會、社會優於人文，即使在人文——藝術類別中，也有音樂、美術優於表演、舞蹈的既定印象，這些根深柢固的科目觀念並不是沒有改變過，但是非常緩慢與有限。

有人稱當前大學教育的價值、內涵與架構，都是工業革命、工業經濟下的產物，目的也是為了服務工業社會。但在進入電腦網路、通訊發達的後工業時代或商業服務業時代，現有這套結構確實應予以大刀闊斧改革。此外，拿同一把尺衡量所有人的作法勢必要改變，否則學校教育注定無法培育出解決未來問題的人才。

55 推動教育2.0

網路的發展早已進入所謂的2.0世代，即由單向資訊的傳輸進入資訊的互動。然而，教育領域是否也應該配合在2.0網路環境下成長的年輕人，跟著進入到教育2.0的世代，卻鮮少受到重視，反而是頂尖大學的學生在聽課時吃雞腿、吃泡麵、打瞌睡、隨意走動，這樣的花邊報導占據媒體版面。教育2.0這個問題確有引發討論，深入探究的必要。

微軟創辦人比爾・蓋茲的蓋茲基金會早在二〇〇六年的報告中就指出，「一個教人聽了為之惋惜的事實是，大部分輟學生本來都可以唸得很好。約半數的輟學生說，課堂上講的東西，不是沒意思，就是讓人感到無聊。十個裡面有七個表示，他們缺乏認真唸書的動機。當然，也有一些重要的社經因素存在：三分之一的輟學生離開學校是為了賺錢……。」（引自《N世代衝撞》（*Grown Up Digital*），頁二〇四）

對於從事教育工作的人來說，看了這段報告，不知道是喜還是憂？一方面因為看來這是普遍現象，不必為課堂上學生的學習狀態過於苛責；但是另一方面還得面對教育工作的整體挫折。因此，教育改革工作更核心的是，如何提高學生的學習動機與興趣，如何提升課堂上的學習效果？

以網路2.0與1.0的差異作對照，可以為教育2.0提供許多有價值的參考，其間最主要的差異在於：由單向資訊灌輸，轉為雙向互動體驗。因此，在上課地點、方式、態度上都要有所調整。簡言之，教育的進行要由大眾轉為分眾，這也正是中國儒家教育的核心價值：因材施教。

現在的學生對於上課內容感到無聊，背後的因素部分來自於教學的老師出生在電視世代，受教的學生卻是成長於網路世代。電視世代是一個標準的工業化社會，因此大眾教育、大量生產、大眾行銷、大眾媒體是共生的。大學教育的科系設計，也是源於大量生產所需的專業；如今已進入分眾時代、網路時代、服務化社會，因此在教育體系上也必然要大幅更弦易轍，才能使學生適才、適性地發展。

如果老師們能夠體認，這是學生們可以教育長輩，可以提供資訊給老師，並協助老師使用電腦、手機的世代。同時，課堂上能夠教孩子們學到什麼已經不重要，而是如何學才重要的話，那麼老師的教學方法應該會大幅轉變，必然會轉而成為和學生相互討論，共同制定題目，一起尋求解答的互動式教學。老師們也不會再以自己準備的材料是否完整傳授給學生，作為教學評量的依據。

同時，課堂也可以不再是授課的唯一場所，而是可以到圖書館、到公園、到工廠、到商家，藉著實習、實作去體驗原本只在課堂上才能獲取的知識。此外，藉著網路世代的協作模式，去完成一項任務，去尋找解決方案，去經歷一段學習旅程，這都是教育2.0的實際內涵。當然，一旦教學方式調整，那麼教育機構的資源分配、課程設計、師資養成等都要作相應的調整，這是今後教育必然要面對的課題。

56 聚焦與品牌

找出產品的差異化，將資源聚焦，是形塑品牌的必經過程；而品牌的形塑則是在高度競爭市場中要維繫生存或擴大發展的必要手段。這些概念適用在一般產品，對於學校應該也可適用。筆者過去曾在一所私立技術學院擔任校長的職務，之後重作馮婦，又獲聘擔任校長，面臨須領導學校在眾多學校中脫穎而出的考驗。

台灣教育環境已經與二十年前有很大的差異。在需求方面，由於少子化的衝擊，學齡人口明顯滑落。自一九九七年學齡人口達到四十二萬人之最高紀錄後，到二〇〇九年則僅有三十二萬人，整整少了十萬人。預估二〇一六年將跌破三十萬人，二〇二七年更要跌破二十萬人。若要彌補少子化對大學教育的缺口，僑、外生的招生就成了不得不努力的方向。其次，就供給面來看，在高等教育技專校院的部分，一九九七年有八十一所，其中科技大學五所，技術學院十五所，專科六十一所；二

○一五年則達九十一所，其中科技大學五十七所，技術學院十八所，專科十六所，可見競爭之激烈。

如何因應？除了迎向僑、外生之外，如何在眾多技專校院中凸顯差異性，確立「產品差異化—聚焦—形塑品牌」的策略架構，應該是一件刻不容緩的急事。經過校內資源的盤點之後，因為該校是由商專改制而來，因此以商管為基礎，再配合觀光餐旅與資訊，以及隨後成立的設計學院，如今已發展出四個學院的規模。如何聚焦？幾經討論，我們決定和連鎖加盟等協會結合，提供學生畢業後最大的就業與創業機會。

近年來，台灣的連鎖加盟產業蓬勃發展，這是國人旺盛創業精神的體現，然而台灣所擁有的條件，與許多國家連鎖加盟發展的規模並不一致。美國的廣闊領土及其擁有的三億人口，才是有利於連鎖加盟產業的條件，但台灣企業之所以熱中於連鎖加盟，有兩個原因：一是適合中小企業創業；二是許多人以連鎖加盟為跳板，其中大多數人皆以赴大陸發展為最終志向。有了大陸內需市場作腹地，市場規模就不再是問題。因此，這是未來台灣服務業國際化的切入口，也是學生可能的就業出路。

接下來的策略就是結合學校內外的資源，提升老師對連鎖加盟產業的實務理解與操作能力，並且與企業、協會簽定策略聯盟合約。在企業方面，初期可以輸出專業人才擔任學校的業師（業界教師），把實務帶進學校；學校則可甄選種子教師與業師合作，共同上課並開發課程。同時，老師也可以協助企業共同爭取政府的獎助案等，企業更可以提供學生實習與就業機會，由學校輔導學生進入夥伴企業就業。總之，透過這些聚焦的工作，可以讓社會大眾更加認識與接受以連鎖加盟作為品牌的學校。

在經營競爭如此激烈的環境下，學校除了教育的本質外，更面臨著經營的壓力，因此差異化、聚焦、品牌應該是必要的因應措施。

57 棟樑與橋樑

棟樑是任何建築物中最重要的部分，也是支撐整個建築免於倒塌的主要結構。因此，「國之棟樑」是形容一個人扮演國家、社會的中堅分子，是最具承擔力的角色。所以，當我們期許自己或某個人成為棟樑，相對的就給予自己或某人相當高的期待。最近，讀了一本傳記式書籍，書中主角說：「我不期許自己擔任棟樑，但期許能成為橋樑。」

這句話值得作為師長或家長的人細細品味。是的，我們會不會給予自己的子弟太多、太高的期許，以致於讓他們無法負荷、無法承擔？與其給予過高的期待，倒不如勉勵他們以橋樑的功能和角色自許，或許可以讓年輕世代更灑脫、更自在地成長與發展。

在本書的另一篇文章〈牆與橋〉中，筆者曾提到人類歷史中有兩類工程，往往能夠成為了不起的建築：一是橋樑，二是圍牆。橋樑的功能在於協助人類社會的往來與交流；圍牆的功能則在於阻隔與斷絕。人類一方面搭橋，但在另一方面卻也不斷築牆。但不論是不是能夠成為人類歷史遺跡，橋的積極性功能絕對要比牆更具開創、建設與和平。

更進一步來看，一個人能否成為棟樑，需要當事人具備以天下為己任的志向，此外，還要有高度堅毅的性格，經歷無數的鍛鍊，甚至要超越許許多多人，成就拔尖輝煌的事功才能達到這樣的境界。

然而，只要願意拿出開放的態度、發揮犧牲奉獻的精神、透過自己幫助別人跨越障礙，一個人就具有橋樑的功能，就可以扮演橋樑的角色了。這也清楚說明棟樑或橋樑間的差異。

在如今充滿冷漠，欠缺交流、分享與關懷的疏離世代中，人與人間對於溝通與關懷的需求，超過再造一棟了不起的建築，再興一項重大的建設。面對這樣的社會，我們與自己的家人、同學、同事、同胞，甚或不同國家、地區、種族、信仰、膚色的人群間的和平交流與交往，其重要性與價值，應該不輸給任何一項重大的建設。

這又再一次指出橋樑的功能並不遜於棟樑。

更深一層往內看，人的內心可能真的不再需要另一座雄偉的泰姬瑪哈陵，反而更需要的是與自己的本我做更深的溝通與接觸，真誠地去瞭解自己、看待自己，讓自己在與別人溝通、交流之前，能先深入地與自我溝通與交流。唯有每個人都能夠平靜地向內探求，人類社會才能得到真正的寧靜與平和。這也是橋樑勝於棟樑的地方吧！

58 台灣教育的產業化？

教育部曾經構思「高等教育產業輸出方案」，這個構想與傳統的教育觀有相當的差異。因為，有人並不贊同教育可以稱為「產業」，但是在國內少子化的壓力下，高等教育已形成嚴重的供過於求現象，除了大學退場機制的規劃外，有無可能把過剩的教育資源用於外籍學生？這種思考正是「教育產業化」、「教育輸出」構想的起源。

由於高等教育採使用者付費原則，當然也因此吸引部分資源挹注這個產業，進而形成教育產業的供與需。顯然的，在高等教育大量擴增之後，緊隨著少子化而來的就是大學過多、供過於求。在二〇一〇年時，大一新生人數還有二十三萬人，到二〇一六年，大一新生將只有十八萬多，等到二〇二〇年時，更將跌破十八萬大關，顯見就學人數下降趨勢已然形成。

教育產業化在相當程度上必須依賴價格，也就是以學費來進行供需的調整。例如，當學校數量不足時，允許學費調漲，以吸引私人辦校；反之，則調降學費。然而，以目前國內學費政策僵化，再加上公立大學接受政府大半的預算補貼，私立大學則以學費作為主要經費來源。同時，政府每每以學生家長的負擔能力作為學費訂定的參考，在這樣的機制下，想要以價格作為產業化的調節幾乎不可能，使得教育產業化徒有期待，卻毫無實現的可能。

更為難的是，在政府對大學數量、班級學生數，以及學生進入學校的進路所設的重重管制下，更讓教育的市場化、產業化無法具有調節供需的機制。部分人士甚至認為，只要學費無法市場化或自由化，則教育的產業化就不可能落實。這樣的想法不無道理。因此，教育部的高等教育產業化恐怕只能以「國際貿易」的範疇作為思考，也就是希望透過外籍學生來台就讀，實現教育服務輸出的可能性。

美國、英國、澳洲、紐西蘭是全球主要教育輸出的國家，這些國家因為擁有英語這項國際通用語文的優勢，故能吸引大量外籍學生前往就讀，所以在招收外籍生方面具有相當的市場性。除了這些英語系的國家外，其實很少國家具有此一教育輸出的優勢，即便法國、德國、西班牙也都有相當限制。而台灣未來在中國崛起之後，會不會也有這種市場潛力，還有待未來的觀察。

那麼，台灣可否透過吸引外籍生來減輕或解決國內高教過剩的問題？答案是相當困難。從過去到現在，東南亞一直是台灣外籍生的主要來源，而且許多外籍生均為僑生。因此，在學費（價格）設計上也不具有市場調節機制，甚至為了照顧僑民，往往採取學費補貼政策，這反而對教育的產業化具有不利影響。

其實，台灣高等教育要產業化有相當制度性的限制，倒是大陸地區可以成為台灣高教供給過剩的最主要出路。如果能夠務實去面對這個問題，耐心處理現存制度性的差異，為兩岸教育資源的互補作最佳的設計。這可能要比教育產業化的口號更為務實可行。

59 大學生舉債唸書

根據美國學生輔導網站的估計，隨著大學學費每年調漲百分之五，父母逐漸無法提供財力支持，使得二〇一一年美國大學畢業生平均負債將近一點八萬美元（約有五十五萬台幣）。台灣雖沒有做過正式的統計，但實際狀況應該也有相似之處。筆者所服務的學校，經二〇一五年的統計，申請助學貸款的學生人數已高達六成，可見舉債唸書的普遍化。

社會M型化的發展，使得中產階級愈來愈少，除了少數高所得家庭外，多數民眾均面臨著沉重的生活負擔與壓力。在家庭開支方面，教育占據了其中相當大的比重，這甚至也是造成當今少子化現象背後的經濟因素之一。政府雖然關注教育費用負擔的問題，並且提供助學貸款，但大多數中低收入家庭為了培養下一代，不得不讓子女還在唸大專校院時，就成了助學貸款族。這些學生還沒就業就先有了負債，有關這方面的問題，值得相關機構協助設法解決。

演變至今，台灣的高等教育則出現弱勢家庭的子女有集中於弱勢學校的現象。這又將加重M型化的趨勢，使得社會階層的垂直流動愈來愈困難，這其實並不是台灣獨有的問題，更是全球化的現象。經濟的全球化、資源配置與利用的效率化，加深了社會階層的僵化，使得多數中低收入家庭面臨教育成本沉重的壓力。這些問題其實也是許多民主國家共同面臨的問題，更是專制國家引發茉莉花運動的催化劑。

在任何國家都無力單獨對抗全球化潮流的現實下，個別國家恐怕也只有各自尋求對策。就台灣而言，教育部必須站在更高的層次去思索，到底要將有限的教育資源優先配置在哪一個情況緊急的層面上？雖然不可能面面俱到，但也不能在政策與資源的選擇上，做出不適當的「抵換」（trade-off），因為這將衝擊原本即非常有限的教育資源。政府為了讓少數國內大專校院追趕世界大學排名，不惜每年編列百億元預算推動「五年五百億」的計畫，不但成果有限，且帶來種種後遺症，例如：把寶貴的教育資源用來堆砌過度量化的指標，形成頂尖大學帶頭追逐短線指標的現象。顯然這項政策應該作全面性、根本性的檢討。

筆者所服務的學校曾向企業界提出一項菁英獎學金計畫，以大四全年願意到企業進行實習的學生為對象。由學校挑出決選人數某個倍數的學生進入複選，經過三階段的遴選，最終獲獎學生每名給予二十五萬元獎學金作為鼓勵，再由企業遴選後進入企業實習，學生經由實習培養出專業，畢業後自然可以順利就業。這樣的合作一則讓企業有穩定的幹部來源，再則讓優秀的學生能獲得實質支持，自然可以帶動一股積極學習的風氣。

類似的計畫可以向企業募集，進行策略聯盟，政府只要在相關政策上予以配合，或者以極少的資源協助推動、示範即可，若能再搭配公私立大專校院學費結構的調整，那麼一個全面展開的正向教育發展計畫，即可能因應而生，而且個別計畫間還可產生良性競爭，這種自主性而非統一性的方案，或許可收為個別學校與學生量身訂做、百花齊放的效果，而不再是把不合身的制服統一套在每個人身上。教育部要多鼓勵類似的創意，來解決學生負債及其他相關的問題。

60 台灣高教的關鍵時刻

十二年國教剛開始實施時，因為高中免學費措施的排富，引來極大爭議。吳寶春在國內想進ＥＭＢＡ，因學歷不足而不得其門而入，即使驚動馬總統下達務必留人的指令，最後還是眼睜睜地看著他選擇新加坡國立大學。對國內教育問題向來有許多建言的嚴長壽先生，也曾在二〇一三年時公開指出國內大學有三分之二科系應該關門，再次凸顯學用落差問題的嚴重性，這些都共同指出教育問題的處境艱難，政府壓力沈重。

另一方面，每當六、七月考季來臨，媒體照例大幅報導「滿級分」的學生將錄取哪個大學、哪個科系，凸顯出社會對於比序、排名之重視，再加上不斷簡化和強化升學的結果，又恰恰落入學用落差、過分重視文憑的窠臼而無法自拔。

在這樣的價值觀下，再加上公私立學校學雜費收費標準愈來愈制度化的差距：

公立大學學雜費幾乎不到私立大學百分之六十的水準。這些林林總總的社會教育觀，正不斷相互糾纏，使得國內教育的相關議題，不但無法在理性的思維和架構下進行論辯，甚至已成了一個高度民粹的意見匯集地。

在這些議題中，政府有責任也要有能力去找出各項政策主張及其解方的優先次序，並定義出教育問題解決的序位，才能循序解決。否則，公共選擇的排序如果與社會認知有落差，而且無法透過論述去引導或溝通的話，輕啟變革，自然是一場災難，甚至陷入多做多錯的窘境。

基本上，十二年國教的政策主張原非社會所急迫需要的。政府卻急欲於馬總統第二任任期中去推動落實競選時的政見，必然會引起財政的排擠壓力。同時，也將挑動明星高中存廢的高度爭議問題，隨之而來的則是學科成績比序的替代方案，及其可能引發重設升學制度的高度困難。這原本是個可以緩議的題目，卻因欠缺思慮，造成政府不但要多花預算資源，還得不到掌聲，反而像捅了蜂窩般地狼狽，這也是政策不獲肯定的原因。

從經濟的觀點來看，在當前政府財政吃緊的現實下，並沒有高中免學費、免考試的條件和急迫性，反倒是應該優先處理公私立大學學雜費落差所反映的反重分配現象，亦即公立學校學生收費僅為私立學校的六成以下，但其家長之社經地位平均顯著高於私校家長。

政府的施政次序應該是在一定期間內（如四年），先把公立學校學雜費調至與私校同。將增加的收入優先用來補助低收入家庭的學生，避免因政府財政不足，而要求私校配合自行吸收。如能作此配套，則私立大學可於此期間暫時凍漲學費，之後高教學費可完全自主，公私立學校站在平等立場競爭，高等教育亦可全面向海外開放。這才是台灣高教產業存活、國際化的關鍵性一步，亂了次序就可能亂了套。

61 教育像魔術？

二〇一四年世界大學校長會議（IAUP）於六月十一至十四日在日本橫濱舉行。這是自一九六五年於英國牛津市通往沃克斯頓大教堂（Wroxton Abbey）的小巷弄發起設立的全球性會議。

該會議至二〇一四年止，已舉辦十七屆，二〇一五年則再度重回到牛津舉行五十週年的紀念會議。這個會議不但為聯合國所承認，更與世界大學會議並列，成為全球高等教育機構與負責人的兩個最具代表性的單位。

事實上，全球人類所面臨的難題愈來愈多，也愈來愈難解。許多問題的根源盤根錯結、交互影響，最後經常會歸結到教育上。因此，教育也常常為世人所期待作為解決問題的終極手段。三年一屆的世界大學校長會議，經常被賦予這樣的任務與期待。

第十六屆世界大學校長會議，由二〇一一年在紐約舉行的年會拉開序幕，主題為「高等教育作為邁向未來的橋樑」。至於二〇一四年的年會主題則為「創造高等教育的未來」。從這些主題可以看出，全球高等教育正面臨轉捩階段的挑戰。

此外，在三年期間，ＩＡＵＰ每年還會在不同區域舉辦半年會或各區域的相關活動。這些活動的內容除了當屆的主題之外，還會與其他機構就周邊議題，組織各式研討會、學術會議。

譬如，中東地區的戰爭對教育從業人員、教師、學生的人身迫害及教育設施的破壞等，都成為探討的主題，因此，世界大學校長會議成為全球大學校長們表達對於教育與其相關議題高度關懷與關切的重要場所。

透過這個平台，也吸引很多論壇式的組織和活動的參與。例如「學生透過教育改革和促進創新行動聯盟」（ASPIRE，Action by Students to Promote Innovation and Reform through Education）就是其中之一。他們派出了若干年輕代表參與第十七屆年會，與校長們進行一場跨世代的對話。

這對於經歷過太陽花學運的台灣而言，一方面可以印證我們的問題絕不是孤立，而是與全球現象相連結的；另一方面也可以從其他國家或地區的處理方式，學到相應的經驗，作為後續的參考。

從歷屆IAUP的主題可以看出，大學高等教育不但要引領未來，自身也正處於轉變的漩渦中。在急劇轉變的產業、經濟、人口、勞資、技術等網絡中，原有的各種關係正在崩塌，新興關係尚待建立，但各社會階層間資源分配、機會掌握的嚴重失衡，似乎不太給當前的社會、國家充裕的時間去消化和融解。而且，隨著待解問題清單的不斷增添，既有問題清單的不易消除，注定這是一個難以克服的挑戰。

如果再回到教育問題的本質，那麼教育和就業能力的關係、學用落差等問題，有其根本性的複雜，但我們無法從根源處著手解決問題，因為那可能被引導到「問題超過手段」的無解狀態。

此時，摸著石頭過河或局部解決反倒可能是可行的出路。這或許是「教育像魔術」，把不可能變成可能的戲法奧祕。易言之，教授陪伴學生、透過實習和實驗的過程，找到解決的方案，這就是現在和未來高教轉型的主要內容和挑戰。

62 學費是高教改革的核心

台灣的教育改革，也就是社會所熟悉的「教改」已推動多年，二〇一四年又跨出十二年國教的里程碑。政府這麼關注教育政策，也願意投入預算資源，照理應該獲得民眾的支持，然而實際情況恐怕又要讓政府失望了。

因為國教從九年延長到十二年的這段期間，學生人數的供需已發生根本性的變化，社會及家長所關心的教育焦點早已轉移，甚至衍生出許多新的問題。此時推動十二年國教的政策，而不去面對其他的問題，譬如更嚴重的學費失衡問題，自然犯了錯選公共政策議題的毛病，滿意度當然就不可能提高。

學費是學校經營的基礎，其來源不外乎學生（家長）與政府。本文先跳過學費是否足敷教學成本的爭議，而就公私立大學間的差異來談。因為這個問題會是今後台灣高教或整體教育問題的癥結所在。

台灣教育體系當中，由學前、小學、中學、大學到研究所，一直以來都是公私混合的體制。對應的價格，也就是學費，也一直存在私立學校學費高於公立學校的慣例，所以全社會均視此為常態而不以為意。這種行之多年的收費情況，在幾乎沒有受到質疑的情形下，自然也就伴隨著教改的推動而延續下來。

我們較熟悉的美國高教體系，表面看起來亦然，即便在全世界各地的各級學校當中，私立學費高於公立亦是普遍現象，甚至有學費高出數倍的「貴族學校」出現。這種願意出高價者念私立，一般民眾念公立的認知，當然也被社會接受。但在以大學入學考試為基礎的台灣高教體制中，這個推論絕非事實。

所以，這套學費結構在台灣的教育體制中，衍生出很嚴重的階層分配不公平，並且擴大城鄉差距的鴻溝。因為在台灣，公私立學校的學生都要經過過去的「聯考」，或今天「變相聯考」的統測、學測、指考，以成績作為選填志願的依據。

表面看起來，以某一個時點的成績高低來錄取學生的入學考試制度是很公平的，但只要稍稍探究造成成績差異的因素，必然會發現只以單一時點、固定科目與教材、單一「考試」的評量方法，是有很大的侷限。這也是一直以來「教改」試圖處理的問題。

如果進一步挖掘，就會碰觸到學生家庭社經地位的問題，也會警覺到一般認為教育可以促進社會階層的流動，在當前的台灣可能促成的卻是「反流動」的現象。因為弱勢家庭的學生固然認知到教育可能帶來的翻轉能量，但他們在入學考試的競逐上是處於弱勢的一方，所以選擇私立學校雖然並非他們的意願，卻不得不在現今的考試制度下，被迫選擇學費幾乎高於公立學校一倍的私立學校就讀。再加上政府的高教資源大幅向公立學校傾斜，就更加擴大或穩固公私立大學體質的差距。即便有部分私校勵精圖治，試圖翻轉現況，但要跨過近倍的學費門檻，誠屬不易。

63 教育能翻轉社會階層嗎？

貧富差距是當前全球共同面對的一大問題，也是造成美國「占領華爾街」、台灣「太陽花學運」的重要原因之一。那麼，有沒有解決的辦法？

過去，人們認為透過教育，可以縮減貧富差距，甚至可以作為翻轉社會階層、促進社會階層流動的管道。然而，這個推論在現今台灣恐怕不成立。為什麼？主要理由就在於台灣高等教育的「類聯考」制度以及學費政策。過去聯考一試定終生的傳統，在教改之後，形式上已納入多元入學方案，但本質上的改變很有限。這也是學測、統測成績仍然占據新聞頭條的原因。

透過這種以分數線排名的方式分發或填選志願，基本上就是一種菁英取向的制度。在過去台灣經濟剛要發展之初，大多數人平均所得偏低，只有少數書念得好的菁英才有機會接受高等教育。當時，聯考制度的確有促進社會階層流動的正面效果。

但當高教普及，幾乎全民多能進大學的情況下，學生課業成績的競賽，除了本身的努力外，還牽涉到家庭社經條件。根據教育部的統計，事實也反映了這個現象，亦即學生家長的所得高低，恰恰是按公立大學、私立大學、私立科大的順位排序。換言之，經濟力最弱的家庭就是就讀私立技職這一組，但他們的學費是公立學校的一倍。

除了高額學費不利於弱勢學生外，畢業後的校友關係、學校名聲等無形資產，使學生出社會後的競爭力差距更大。這又強化了社會對公私立學校的評價，助長升學主義，也進一步使社會階層傾向定型化。到了這個階段，即便私校有不同程度的努力，但公私立學校的階層仍牢不可破。再加上分數高低的意義被過度強化，成績即等同於人的資質、學習成敗、未來成就等，更加把公私立的排序意義無限上綱。這也就難怪考季來臨時，滿級分是誰、名校有多少學生的級分分配狀況，會成為媒體焦點了。

尤其必須檢討的是，公私立學校學費存在倍數的差距，但公立學校學生來自高所得家庭的比例顯著偏高。如此一來，台灣的城鄉差距和階層僵化恰恰更不利於弱勢族群，而政府的高教學費政策則有火上添油的效果。

由於政府對公立高教學費的高比例補貼，使得有限的高教預算反而用在社經條件相對較優的家庭上，弱勢家庭的學生多數進入私立大學，尤其私立技職體系就讀，負擔較貴的學費，這根本是反公平正義的作法。

以國際或區域的比較而言，台灣高教學費相對已算便宜，再考慮政府財政的拮据，若欲兼顧公平正義、翻轉社會階層等目標，合理的對策應該是調高偏低的公立大學學費，但對弱勢家庭的學生，則不論公私立均給予相同的補助。這不但對學生較為公平，並對公私立學校更公平，讓私校也能招收到前段的學生。在這個基礎上，保留有競爭力的公私立大學才是真公平的競賽，也才能發揮翻轉社會階層的正面能量。

64 拼圖人生、人生拼圖

兒子從小就有一項特別的嗜好，那就是對於玩拼圖始終維持高度興趣，而且拼圖的入門規格，除了極少數的例外，大多以一千片起跳。隨著年齡漸長，拼圖的片數愈來愈多、拼圖的尺寸愈來愈大，一千五百片、兩千片、三千片……。同時，他對於拼圖的成果還有一份自戀，必須裱裝得漂漂亮亮，因此找地方懸掛，也就成了後續衍生的問題。

最近，他更進一步挑戰了據說到目前為止，全世界最大的拼圖，有三萬三千六百片，完成後的尺寸長達五百七十公分，高達一百五十七公分。這樣的規模已非一般家庭可以容納，再加上先前累積的裱裝作品，已經成了一個必須以「專案」才能解決的問題，於是有了以下的周邊活動。

首先，是把他的作品拿來辦展覽，同時在展覽期間還可以有搭配性的活動。這也就幫這幅全球最大的拼圖找到一個合適的「家」，展覽後即贈送給當時我所服務的醒吾科大，懸掛在國際會議廳的外牆。

其次，則拿這些拼圖成品作為對本校獎學金捐款人的贈品。過去三年為了鼓勵學生重視實習課，除了修改課程結構，讓全校十五系的大四同學，都可以選修一個學期高達九個學分，全學年十八學分的實習課。

同時為了鼓勵同學在實習課認真學習，培養真正的職場競爭力，自己又向企業界募款，作為在實習課表現優異的同學之獎勵。這項名為「菁英獎學金」的獎勵，金額最高達新台幣二十五萬元，必須經三道關卡的遴選。

第一關由實習單位和實習輔導老師推薦，第二關再由各院就推薦者當中遴選，第三關由校長邀請企業主管，就所推薦的實習表現優異同學進行面談，以瞭解同學在實習中的收穫，以及實習制度可以再改進的地方。

我把兒子的拼圖致贈給獎學金捐款人，如此一來便將實習獎金的募款和拼圖活動連結起來。這個安排不但受到歡迎，亦對其中蘊含的意義產生正面的擴散效應。

接下來，為了增加拼圖展的趣味性與互動性，把展覽中的部分作品拿來拍賣，所得一樣作為菁英獎學金的財源之一。但是，此次展出僅有數十幅拼圖，說不定還比不上百貨公司拼圖販售部門的數量，有何展覽的意義？

這一個問題，其實就進入拼圖遊戲的真正意涵。拼圖究竟具有怎麼樣的教育功能？在千片的拼圖中，如何找到每一單片的「位置」，如何在茫茫無序中逐一發現各自的「定位」？

這當中考驗的是拼圖者的辨識能力、邏輯推理能力，透過圖案、顏色，再加上各拼圖單元的凹凸形狀、裁邊等特性，在摸索中掌握各單元位置的種種線索，最終使整幅拼圖得以完成。

整個拼圖的過程，在精神層面上，其實很適合以人的一生作比喻，誠可謂「拼圖人生、人生拼圖」，考驗拼圖人的是他的邏輯、辨識、專注、堅持、興趣、熱情，而這些特質都是正向積極的。這或許是拼圖遊戲的最大教育功能。

經濟學人這樣談人生

65 牆與橋

人類歷史上最壯觀、最宏偉的一座牆，當屬中國大陸的萬里長城；人類歷史上最具嘲諷意味的一座牆，則非柏林圍牆莫屬。牆這樣的建築物，代表的是阻隔，是防衛，使得牆裡牆外不得往來。去過北京紫禁城的人可以看到厚實的城牆，西安古城也有好幾段這樣的古城牆。

人類歷史上有許許多多的橋，大到橫跨歐亞的跨海大橋，小至流水上的小橋。橋這樣的建築物，代表的是溝通，是往來，是把阻隔的河川、湖海加以連結，使原本無法直接交流、往來的兩岸給連結起來。中國大陸於二〇〇九年開始施工的珠港澳大橋預計將珠江口的三大地區：珠海、香港、澳門給串連起來。一旦付諸實現，則一國兩制的港澳將與中國大陸更加無法分割了。過去有人倡導在金門與廈門之間建跨海大橋，果真實現，那麼兩岸關係會有多麼不一樣？

人類社會實在非常奇妙，有的時候拚命築牆防止彼此的交流，有的時候卻又費盡心思造橋相通。當人們想要不往來時，往往就會劃地盤、定界線，最後甚至還會築起一道高高的牆；但當人們想要彼此交往時，在沒有橋之前會先造船通行，進而渴望造橋節省交通時間，甚至只為縮短兩地間的往來時間，須耗費相當資金建一座橋來取代船。

從歷史的軌跡檢視，橋通常會被保存下來，即便遭天災或人禍破壞，總會很快加以重建。但是，牆往往經不起歲月的考驗，最後常常成為斷垣殘壁。這是不是意謂著人與人間的往來溝通可以長久，阻隔禁止卻無法恆常？當然，任何時點都是既有牆也有橋。

換個角度來看，人與人間除了有形的牆與橋外，還有數不盡無形的牆與橋。有人拚命向外搭橋、廣結善緣；有人卻忙著在人我之間築起一座無法跨越的心牆，不但難以和人交往，也把自己孤立圍困在自己心中的城堡。

同理，人類經濟往來也存在著牆與橋。各式各樣的貿易保護措施，各種貿易堡壘與障礙，企圖阻撓商品、金錢、勞務、人力、技術和知識在國與國間移動，此時邊境與邊境間就像築起了一道又高又大的人為之牆。但同一時間，人類又透過單邊、雙邊、多邊的談判、協商，試圖在重重障礙中搭起一座座橋樑，這就是各種推動貿易自由化的嘗試，可以是國與國間的自由貿易區、區域內的自由化，甚至全球性的世界貿易組織（WTO）所揭櫫的目標。

面對眾多的牆與橋，如果我們能夠稍微駐足沉思，會不會產生這樣的讚嘆：築牆是業、造橋是福。既然如此，經濟的阻隔和人心的藩籬不也應該時時檢討、時時抹平；相對的，經濟的開放和人心的通達，不正是應該時時推動，時時精進的嗎？

66 捨得 vs. 取捨

「捨得」與「取捨」這兩個名詞，若究其本意似乎頗為接近，都是在說明「捨」與「得」（或「取」）之間的抉擇。不過，中文詞語的微妙之處似乎也顯現在字與字間前後順序的變化。這兩個詞看似相似，卻分別表述著兩種很不一樣的人生態度或對事、對物的心境。

證嚴法師曾謂：「捨得、捨得，能捨才能得」。他對於這兩個字的說法，表現出來的是豁達的人生，是一種可以犧牲、奉獻的理念，告誡世人，若能懂得捨，做到了捨，自然也就有另外的得。這就像人在爬樓梯，如果一隻腳不先離開原先的階梯，怎麼可能上得了另一層更高的階梯？所以，捨得不但是一種豁達，也是一種樂觀進取的人生態度與心境。

至於「取捨」，卻代表著另一種完全不同的心境與態度。一個人在一生中總必須面臨許許多多的抉擇，當遇上兩難時，常會聽到家人、友人給予建議，要當事人好好做一番取捨。這種建議本身或許並沒有強烈的暗示，但是如果人們在抉擇時，先想到「取」（也就是「得」），再思考所要付出的代價或機會成本（也就是「捨」），這樣的算計往往令人陷入天人交戰，患得患失！

「取捨」和「捨得」這兩個動詞最大的不同點，就在於對「捨棄」和「取得」間的得失心態。「取捨」把「取」放在前頭，「捨得」則把「捨」放在前面，如果文如其意，那麼，這一前一後的不同，正好凸顯了主事者、決策者究竟以何者為重。

把捨字放前面的人，意謂著願意先捨棄、放下，並且不在乎這樣的捨棄會得到什麼補償或回報，但往往就是這種無所求的心態，反倒讓人得到許多意想不到的收穫。相反的，把取字放前面的人，則往往陷入患得患失的算計中，並且因為這樣的得失心，反而失去的遠比得到的多。

當我們面對工作、交友、事業……的抉擇時，如果能夠在態度或心境上，先做好「捨得」與「取捨」的調整，可能會有全然不同的體驗吧！

67 不一樣 vs. 一樣

全球有七十億人口，每一個人都是獨一無二的。對於這樣的「不一樣」，我們應以健康的態度去面對，那就是包容與尊重別人的不一樣，肯定並正面看待自己的不一樣。否則，對別人的不一樣若採取排拒或非我族類的態度，甚至極端到要加以消滅而後快，這正是當今全球各地戰火不斷、爭執不息的最主要原因。

因為種族、民族的不一樣而大動干戈；因為宗教、文化的不一樣而發動戰爭；因為政治、政策的不一樣而形成對立。這些林林總總的戰爭與衝突，都是緣自於容不下別人的不一樣。然而這樣伐異黨同的價值觀卻又違背了每個人都是獨一無二的事實。所以，面對人我差異時，若不能尊重與包容，則戰亂、紛擾必不能止息。

至於自己和別人的差異，舉凡外表的高矮胖瘦、俊美平凡，一直到身心靈的狀態、知識學識的水準，乃至審美的品味等等，實在是異多於同，即便同卵雙胞胎，大同中仍然存有小異，更遑論是一般人了。

證嚴上人曾說，世界上有兩種「教」不能信，一種是比較，一種是計較。這話足以作為面對人我差異時的警惕。因為只要比較心或差別心一起，人們要不是瞧不起別人，就是瞧不起自己。尤其是後者，往往成為現代人的沉重壓力：嫌自己不夠高、不夠美、不夠聰明、不夠有錢，對自己沒有信心，乃至全盤否定自己。這些對自己的負面觀感，成了無法讓自己身心健全的因子，而懂得欣賞每個人（包括自己）的獨特性，是值得被肯定的。經濟社會中所形塑的獨特性、差異性，正是創造價值的一個很重要手段，因此，我們沒必要對自己和別人的不一樣而喪志。至於瞧不起別人的不一樣，那又會陷入前述因異而起分別心的情境中，自然要避免。

人是群居的，在社會化的過程中不能離群索居，又有取得社會認同的心理需求，於是有向某人或某群人看齊，或尋求和他（們）一樣的認同需求。甚至，在人性最基本的善根上又有一樣的共通性，積極形成某些共同的價值或道德觀。這些雖不一樣卻又有著一樣的價值觀的人是彌足珍貴的，誠所謂「求同存異」：也就是每個人都要「一樣」地去追求和維護對每個人的「不一樣」的包容、尊重與肯定。

68 排擠現象化外篇

當慈善團體在進行勸募，尤其是幫助海外地區勸募時，偶爾會聽到一些民眾反應說：「台灣還有許多人需要協助！」言下之意就是，如果把錢拿去幫助海外地區，就可能會使得台灣那些需要幫助的人少了善款的來源，也就是一般人所認為的，當把錢用在某個用途上，就會排擠到另一個用途。這樣的排擠觀念也常常發生在某些基金會或慈善團體，讓民眾誤以為某個基金會或慈善團體已擁有相當充足的資源，因此不必再給予捐款。

當然，資源有限，欲望（或需求）無窮，因此世間的資源在用途分配上，必然會面臨「抵換」的選擇，一旦作為甲用途就無法同時作為乙用途。就像國家的財政預算一樣，一旦用在教育上，就不能用在社會福利上；用在國防上，就不能用在交通建設上。這種排擠現象，既然會發生在資源的分配上，似乎也應該適用於錢財的布施上，所以慈善機構在勸募時所面臨的上述反應，似乎也就順理成章了。

如果進一步深入思索，愛心真的會有排擠現象嗎？可能在回答時就會多一些猶豫、多一些保留。為什麼？因為有太多實際的愛心故事告訴我們，一旦愛心被啟發，那似乎是道汩汩的活泉，永不枯竭。難道這是排擠現象的例外？其道理何在？

是的，如果我們再次檢視前述排擠現象或排擠效應的根本，一個非常重要的前提是：資源的供應有限，也就是說任何排擠現象必定發生在資源的有限供應上。國家財政預算在分類上之所以發生排擠，最主要的原因就是預算這塊大餅在一定時間內是固定的。一旦供應固定，自然只能供甲使用而無法供乙使用。如果供應是相對無限的，當然也就不會有排擠現象了。

我們可以得到一個明顯的結論：供應有限或固定是造成排擠的前提。那麼，愛心或善心究竟是有限還是無限呢？這不是學理的問題，而是一個實踐的問題。既然如此，慈善、勸募怎麼會有相互排擠的效應？真正的問題應該是有沒有用心去啟發自己和周遭人們的愛心及善念。如果有，愛心就會源源不斷，譬如，普受世人景仰的德蕾莎修女，她的善念、愛心無窮大，當然就沒有排擠的煩惱了。

69 分工與整合

聽過這麼一個笑話：在一條公路上，某日來了一隊工程人員，非常有效率地在道路兩旁挖出一個個等距的坑洞。隔二日，又有另一隊工程人員，也很有效率地把那些坑洞給覆蓋起來。附近居民百思不得其解，經過一番探詢後，真相終於大白。原來這條新修好的路，兩旁要植栽行道樹。政府為了提高效率，把此工程拆成三個包：第一包挖洞，第二包種樹苗，第三包填土。結果因為聯繫上出了問題，第二包廠商未能按時施工栽種樹苗，於是出現這種挖了又填的笑話。

現在是分工的時代，專業分工可提高局部的效率，但這種分工若要獲致全面性的效率，就必須有完善的系統整合能力。缺乏此種能力，就可能出現上述的笑話。就專案管理的角度，這也是常見的考驗：個別計畫執行效率高，但若沒有完整的專案管理能力，全部計畫的效率可能歸零，像這則笑話一樣，整體計畫的成果為零。

這也是經常會聽到的提醒，在埋首努力之前，要有正確的方向，否則方向錯了，可能會愈做愈錯，甚至無法回頭。當然，更為複雜的分工，就會多出更多的介面，需要諸多介面間取得協調，發揮整合的功用。若想收整合的功效，就必須精確統合各個介面，否則彼此各自為政，只會遭遇效率無法提升甚至發生錯誤的結果。

人生也和這些做事的道理相通。可以選擇從一而終，或獨立過一生；也可以選擇與他人在不同階段、不同領域、不同方式上進行合作，這時當事人要面對的功課就是與人合作，也要學會各種介面的整合，這樣人生的學習才會豐富而多樣。

此外，做事與成就事情時，也要在「一個口令、一個動作」的過程中進行必要的省思，維持一定的覺知，才不會發生不明就理，只是把坑洞掩埋、回填，卻忽視了其合理性與關聯性。在團隊或組織中，分工是必要的，但若只侷限於片面的思維，甚至完全忽略了在整合架構下的分工，其結果可想而知。常見的現象稱為本位主義，就是以分工後的局部利益取代整體利益，自然無法成就整體工作，甚至因欠缺整合而遭致體系崩潰的危機。由此可知，從政治體制、機關部門，到各事業內部組織，乃至個人內在身心靈的省思，毫無疑問的，都要理順分工與整合間的平衡。

70 生命的圓

父親年紀大了，陪他出門就要非常注意洗手間的位置。就像當年帶小孩出門，必須時時注意可以為他換尿片的地點一樣。這一發現使自己對人從生到死，由幼到老的過程，有了另一種體會：人一出生，不但兩手空空，而且必須開始學習各種存活的技能。到了年老，似乎又逐漸把曾經擁有的這些技能逐一繳回，某些方面又回到孩童，甚至嬰兒的階段。

有人這樣形容老邁、生命凋零的過程，說好像在進行有計畫的「脫產」，把原有的生命活力與能力漸漸轉到另一個時空，然後開啟另一個生命，另一次的學習。

如何面對生命的開始與結束，這的確是千千萬萬人的功課。對於出生，多數人懷著喜樂與歡笑；但面對死亡，則有太多的悲傷與哀痛。尤其是自己的家人，年邁的長輩或至親離去固然有諸多不捨，年輕的親人離去更增添白髮人送黑髮人的悲痛。其實，親人驟然離去的悲痛常常開啟某些人求道與生命意義的追尋，當然，也有人因親人離去而懷憂喪志，甚至久久無法走出無常所帶來的陰影與思念悲情。

好友的父母先後因病癱瘓在床，對於這樣的生命歷程，他曾有一段日子無法面對與接受。經過一番對生命意義的追尋後，才產生稍帶距離的生死觀，對生命與死亡有了另一種觀察與體驗。他說，他慢慢學會欣賞生命的每一個階段，包括最後的凋零，正好像花季固然可以愉悅地欣賞繁花盛開，但在花葉枯萎的時候，也能以有別於悲傷的心境去欣賞。他現在就以這樣的態度去面對、看待父母的晚年。

沒錯，萬物的生與死是極其自然的一個循環。沒有死亡，出生的意義也就不復存在。羅賓．威廉斯所主演的一部以機械人為主題的電影《變人》（*Bicentennial Man*），指出「長生不老」的另一種孤寂。最後，機械人反而要改變自己，進入與人類相同的老死過程，陪伴著摯愛一同走向生命盡頭，而非只是看著他一代又一代的主人，從童年到年老乃至往生的歷程。

從生命的起點到結束有長有短。蔣宋美齡女士號稱是跨越三個世紀的人瑞，算是長壽中的長壽；但也有人的生命在母親的子宮裡就結束，或者在出生後極短的時間離去，或者在孩童、在青年、在中壯年時離去。對於這些不同歷程的認知與了悟，正是哲學、宗教或生命學所欲探討的核心，但對一般人而言，出生和死亡卻是真真實實的生命體驗，也必然需要有一種態度去面對。

許多宗教對生命歷程給予道德、因果性的闡釋，固然有揚善抑惡的作用，有時也會給生者莫大的心理壓力。在追求身心靈成長的過程中，生命的發生與結束是無法逃避的功課，如果想要擁有生命的力量，對於生命的始末應要有超脫的看法。

我們以冰山一角形容曾經存在的身體與生命，冰山下的存在是本我的靈性，可以與其他的個人，甚至與宇宙相連結，並且是可以永遠存在的。用這個觀點來看，存活在特定時空下的軀體，其生命雖是有期間、有限的，但在有限的身體與生命之外，其本質與根基，不但永恆而且可以互相連結。因此，我們之所以來到人間的某一時空，不但是自己的選擇，也是為了針對某一項或幾項功課進行學習。一旦學習完成就可以轉換到另一時空，如此周而復始，就像一個圓。正如另一部電影中的主題對話：「生命是一個過程，可惜的是你無法重來，可喜的是你也不需重來。」這樣的觀點，有助於我們以欣賞的態度來面對生命。

71 入戲太深

人生如戲，也有幕起幕落，有上台下台，這當中固然要演好角色，但也要有下戲後的放下，才不至於看不破本我與角色之分際。

生命在輪迴過程中，有來就有往，在來世今生中穿梭，像一個演員在不同齣的戲劇中扮演不同的角色一樣：戲幕拉起演員上台，就要淋漓盡致地扮演那個角色，不管這齣戲多麼令人盪氣迴腸，總有曲終人散時。這個時候如果演員不能下戲，往往會陷入演員與角色人格的混淆，入戲愈深，愈有可能面臨難以回復本我的困擾。

生命要的就是一種平衡：如果演員不用心，上了台不是忘詞，就是形同樣板，表現不出劇中角色的鮮活感，那是演出的失敗；反之，如果入戲太深，久久無法從角色中走出來，也常常會以悲劇收場。

因此，如何恰如其分地扮演好劇中角色，同時還要在不同劇本中轉換，或許就是眾生的一門功課。

五、六月是畢業的季節，如果拿修讀學分作為人生的比喻，任何人來到這個人世間，在一生當中必然有若干學分要修讀，而且必須通過考試才能取得學分。同理，若從累世的輪迴來看，任何一世也必然有一些課程要修。如果有某一個學分修了但卻沒有通過考試，那可是要重修的。有關這個重修的比喻，可以分別透過以下兩個角度加以解讀：首先是，若不好好修讀，是需要重修的；另一方面是，只要努力過了，即使沒修好，生命永遠不吝於再給予我們一次機會，只要再重來一次，我們仍然有機會將它修好。

從種種統計數字來看，台灣的自殺率一再創下新高記錄，從二〇〇六年，自殺死亡人數已達到四千三百一十三人，使台灣進入全球自殺死亡率的前十五名。約等於每天有十二人自殺，這是二十年前的二點三倍。而且更令人憂慮的是，自殺有低齡化的現象。

有專家指出，這代表台灣正從「新貧」，走到更危險的「心貧」。同時，自殺行為的發生，居然也朝M型的兩端發展：M型的左端是因貧困的拖累而厭世，M型的右端卻是因壓力太大無法承受而輕生。

不論是以入戲下戲或是以修讀學分作為比喻，皆充分顯示出在學習與角色扮演的過程中，都需要保持一種平衡的心態：既不能吊兒郎噹，但也不要入戲太深；既不能不用功修讀，因為未通過的人生課題將來必須面臨重修，但也不要把重修視為絕望。所謂「盡其在我，坦然接受」或許是掙脫絕望所必要的一種態度和心境罷。

72 當蜜蜂不採蜜

蜜蜂是一種組織嚴密、分工階層明確，屬於勤奮工作的昆蟲。從孩童歌謠到一般人的觀念中，蜜蜂的形象就是一天到晚忙做工。事實上，蜜蜂這個名詞的「蜜」，就來自於牠們採集花粉花蜜所製成的成品——蜂蜜。但如果蜂不採蜜了，那還能稱之為蜜蜂嗎？

假設一個情境：蜜蜂這個群體中有蜂發現，牠們辛苦工作的所得——蜂蜜，在養蜂人、採蜜人以煙霧驅趕牠們之後，統統被無償拿走，面對這種極不公平的待遇，如果蜂群向人類社會的法院提出告訴，並獲得勝訴，究竟會對人和蜂帶來怎樣的衝突？

對人類而言，衝突之後的結果就是不再有蜂蜜可以吃了，而被解放的蜂，也可以不再受人類剝削，因為人類歸還大量蜂蜜，於是牠們可能不用採蜜了。但隨之而來的則是蜂社會的崩潰，因為既有的辛勤工作被無所事事取代，既有的分工體制也已瓦解；蜂社會將不再是蜂社會。此外，另一個可能被忽略的副作用就是，由於花粉無法再透過蜜蜂傳播，花世界的生命循環中斷，植物世界將無以為繼。

以上情節雖屬虛構，卻是多年前上映的動畫電影《蜂電影》（*Bee Movie*）的內容。這部片子對於人類社會中的法律訴訟有著極為諷刺性的描述，顯示出訴訟雙方如何編織情節、呈現證據，以便讓法院作出有利己方的判決。這就是「獨立的司法」！至於最終的判決結果到底會產生怎樣的社會效應或環境影響，那就不是「公正」、「獨立」的司法體系所在乎的了。此外，即使蜜蜂贏得官司，卻失去天理，我們應如何看待這樣的司法裁判？這一點值得社會省思。更重要的是，如果在既有的生態循環當中置入人為的價值判斷，進而改變當中某些生態行為，其所形成的衝擊，可能是超乎想像的。

當然，這部電影的完美結局，就是那隻鼓動蜂社會並向人類提出訴訟的蜂，終於發現蜂的解放結果竟然對蜂、人、花卉都造成極大的傷害，變成三輸的局面。於是在最後一批花展中，號召蜂群們再度投入工作，恢復昔日的辛勤，於是百花獲得生機，人們又有蜂蜜可以品嚐了！這個虛構的動畫電影，更衍生出一個頗值得人類省思的生態議題，那就是：當蜜蜂不採蜜時，世界會變成怎麼樣？

其實《蜂電影》大致上是影射人類社會中的類似情節。有人關心發展中國家勞工的人權，因而透過立法或者國際經貿組織的壓力，希望照顧或提高其弱勢勞工的工作環境與公平權益，這樣的關心與愛心是值得肯定的，但因為勞動條件改善所造成的成本增加，若使企業失去對外的競爭力，最終將導致企業倒閉，這些被關照的弱勢勞工的工作權益有可能一去不復返，造成雙輸的局面，《蜂電影》中的情節適足以作為印證。

73 巨視與微觀

朋友傳來一封電子信，名為「從鏡頭看世界：由微視到巨視」。這是一個以10的次方作為距離的單位來觀察我們所生存的宇宙的影片。鏡頭首先定焦在10^0公尺，也就是在一公尺距離的高度觀看花園裡的一叢樹葉，然後鏡頭與標的間的距離從10^1（十公尺），10^2（一百公尺），10^3（一千公尺）……逐漸升高，呈現不同高度（距離）下所看到的景象。

當升到一千公里（10^6）的高度時，大致就是從人造衛星觀看地球的視野；到了十萬公里（10^8），則看到的地球就變得渺小；到了一百萬公里（10^9），可以看到月亮繞地球的白色軌道；到了一千萬公里（10^{10}）則看到了地球繞太陽的藍色軌道……；到了一千億公里（10^{14}），整個太陽系就變得很小了；然後再升入一光年（10^{16}）……，最遠的鏡頭來到了一千萬光年（10^{23}），從這個距離看，所有的星系都變得很小，星系之間相距遙遠。

接著，這趟視覺旅行再度從一千萬光年的距離之外以相同的間距重新回到地球表面。然後，繼續把鏡頭距離降低到10^{-1}（十厘米），開始可以看到樹葉的紋路，再降至10^{-2}（厘米）、10^{-6}（微米）、10^{-10}（埃）、10^{-12}（皮可米）、10^{-15}（飛米），直到10^{-16}（夸克粒子〔100 Atómeters〕）……。神奇的是，當我們對一片樹葉作微觀的檢視時，可以發現枝葉、細胞、細胞核、DNA、核子與電子間的距離就像星系與星系間的距離一般。

這份電子郵件的內容，讓我看到了大宇宙與小宇宙的奧秘：從人的本位出發向外推演，如果高度達到光年以上，那麼天上的繁星就猶如恆河上無盡的流沙，讓人感嘆宇宙之浩瀚。相反的，再從人的本位出發向內推演，如果深入距離達飛米以下，那麼人體的基本結構也猶如一個小宇宙。有一部電影叫《聯合縮小軍》（Fantastic Voyage）就是敘述有人駕駛一架飛行物縮小後進入人體的故事，也是對人體作了一趟有趣的微視巡禮。

在大小宇宙間遨遊之後，我們究竟該感嘆人的渺小，還是要感恩人體內蘊藏著宇宙的奧妙？從巨視到微觀，人不但與浩瀚的宇宙相通，也是掌握內在小宇宙的主角。所以，我們既要敬畏外在宇宙的浩瀚，更要敬重人體內在小宇宙的精細與極微。

古人說俯仰不愧，正是巨視和微觀應有的態度。任何物種或生命，其外在的大宇宙和內在的小宇宙，均是如此浩瀚又如此精微，所以，人類並不比眾生超越，這也是眾生平等的宇宙觀。同時，人無論愚智美醜，從大宇宙的觀點來看，都只是一個小點而已。瞭然於此，對於比較與計較這兩種心態，應該更容易放下並有一種深切的體會。

74 清貧與清富的人生態度

二十一世紀以來，全球經濟景氣處於高度不確定的狀態，二〇〇八年到二〇〇九年間，美國失業率一度可能高達百分之十，台灣失業率也接近百分之六。然而，另一方面又看到股票、房地產價格似乎對實質經濟的表現視若無睹，表現得相當活躍。但是，到了二〇一五年，許多地區的數據都發生逆轉，各地區間的差異也進一步擴大。在這種半邊冷半邊熱的經濟現象下，其實是有許多人面對失業與景氣衰退的壓力，甚至還有所得、財富分配愈來愈不均的情形。

在這樣的經濟環境下，該如何面對？努力工作並積極尋找可以讓自己發揮所長之處，這當然是必要的，但在大環境影響下，仍然有人還是得面對生活條件無力改善的困境，這又要如何自處？宗教領袖教導世人過「清貧」的生活，也有企業家則追求「清富」的人生。

「清貧」或「清富」中的「貧」與「富」，指的是生活條件，而「清」字則指向生活態度。在經濟景氣有冷有熱的情況下，人們的生活條件必然有貧、有富。這裡指的生活條件是以物質生活為主，包括財富、所得、柴米油鹽醬醋茶。這部分的確與景氣興衰有密切關係，同時並非完全掌握在個人手中，多少受到景氣、市場等大環境的影響。既然不是人所能完全左右，那就要隨遇而安，這種態度就是「清」。

如果你夠努力，運氣也好，物質條件可能有很大的改善；如果你夠努力，但運氣不佳，物質條件也許會遭遇困難。不過，不管運氣好或運氣不佳，物質條件優渥或匱乏，這些不能操之在我的因素，只要以簡單、清靜的心態去面對，自然就能安於清貧或清富的人生。而生活的態度是個人可以透過學習、修行、調整去達成的，屬於可以操之在己的部分。

生活態度的「清」，只要排除在物質條件上與他人比較、計較，甚至是與自己過去生活條件比較，便能達到治本的目標。所謂由奢入儉難，就難在不能忘情於與過去的自己作比較。若秉持著一顆不比較、不計較的清靜心，自然能夠剔除這方面的困擾，使人能安心地面對景氣的起伏、自身生活條件的變動。當然，社會中仍然有少數人無力獲取最低生活所需，則必須由救貧或輔導就業等社會救助計畫來協助。

面對不可預知、個人無法掌控經濟環境的外在變化，物質條件多少會受到影響，但如果在生活上有了「清貧」與「清富」的態度，等於掌握了最佳方案，足以因應物質生活高低起伏的變動。一旦態度轉換，生活的內涵必然有所變化。此時，物質成分會逐漸降低，精神、人文與靈性的內涵會提高。經此轉變，受到景氣與經濟環境的影響也會相對減低。到了這個境界，非物質的生活也就豐富許多，無形中強化了對抗困頓物質處境的能力。因此，在追求生活條件改善的同時，生活態度的調整恐怕更重要，影響也更深遠。

75 快樂是一種選擇

我所任職學校的畢業典禮，除了在禮堂舉辦外，通常還會在林蔭大道舉行熱鬧的園遊會。

某年典禮舉辦當週的星期一，依據氣象預測，典禮當天將有大雨。為顧及主辦園遊會可能造成同學的損失，因此同仁建議取消這項戶外活動。這項決定引發了部分同學的反彈與抗議，一時間，校長信箱塞滿了各式各樣的反對信函。

說來諷刺，在普遍認為學生中文表達能力低落的此時，同學們的抗議信卻寫得非常流暢，而且教訓口氣十足。內容若非抗議校方漠視同學權益，就是指責學校決策的反應慢半拍，使得他們一生只有一次的大學畢業典禮，居然連園遊會也被剝奪……。顯然，同學們在社會化的過程中，教訓人的本事已達一流。

典禮當天大雨滂沱，我除了說明學校決策的考量及反應過程外，特別送給畢業同學一句話，那就是「快樂是一種選擇」。由於同學的反彈主要因天氣而來，我特別以自己子女的名字（姊姊名為周晴，弟弟叫周雨）作為插曲，希望緩和同學的情緒。我告訴他們，晴空萬里固然會讓人擁有好心情，但雨中朦朧也有詩情畫意，所以不論晴天、雨天都是我的最愛。

不錯，不同階段的畢業典禮都是人生唯一的經驗，固然要多加珍惜，但是典禮當天的天氣究竟是晴是雨，那就只有交給老天作主了。至於是不是能夠快樂地度過這個有意義的日子，是自己的選擇，自己可以作主的。

其實，任何人從起床到用早餐，到前往工作或讀書的場所，乃至遇到職場或學校內的同事、上司、同學、老師，彼此之間的互動，正和每天所碰到的天氣一樣，往往都不是自己所能決定，也是無法改變的。處在這樣的環境下，是不是能夠常保快樂，那就是自己的選擇了。沒錯，一般人也許無法完全掌握自己的健康，但即便不健康，還是可以選擇快樂。

多數人的快樂與否，經常深受情緒、心情、人際互動、身體健康、天候晴雨、事情成敗、財富賺賠等因素的影響。如果不試圖轉念，那麼不快樂應該是十之八九。因為這些因素往往不是當事人可以掌握的。如果我們把自己的快樂寄託在這些無能為力的因素上，其結果可想而知。但如果我們能夠瞭然這些外在因素的無常，選擇用一顆快樂的心與態度去面對，快樂其實已在其中了。

所以，畢業典禮同時有個園遊會雖然可以玩得很盡興，但沒有園遊會的畢業典禮也可以很值得懷念。天晴固然好，天雨也有另一番滋味，這種心境、態度的轉換，才是真快樂的根源。因此，快樂不必外求，只在自己的選擇。

76 生命的長度

這是一場由老天安排的生命體驗課程。

經常聽到人們說起生命無常，但欠缺真實體會。二〇一〇年七月底的一個親身經歷，則使我對「無常」這兩個字有了另一層更鮮活的領會。七月初舉家赴美訪友，後因工作關係自己先行返台，就在七月三十日家人預定回國之日，我的身體出了狀況。

在此之前一、二日，我便感到雙眼的視野似乎有些異樣，從左邊到右邊，只能看到三分之二，接著畫面被切割跳躍，導致了輕微暈眩與不平衡，甚至必須手扶牆壁才不至於跌倒。到了七月三十日當天，原訂於白天出席的兩場會議已經無法參加，甚至出現昏睡暈眩的現象，只好於上午近十一點赴某大醫院急診，經過七、八個小時的服藥觀察，嘗試降血壓後，在下午五、六點出院回家。

然而，昏睡的狀況並未改善，我無法按原訂計畫赴機場接機，只能在家等待。第二日，昏睡還是繼續，經友人熱心請教醫界朋友，認為狀況有異，在他們聯絡安排榮總腦內神經科後，立即由急診室進入加護病房，經由診斷，發現顱內有三公分的出血。主治大夫當時雖然在馬來西亞開會，但經由電話指示，作了詳細交代與良好處置，並進行一連串必要的診療，總算讓我撿回了一條命。

顱內出血的通俗說法就是腦溢血或腦中風。在此不久之前，我才閱讀過美國腦科博士吉兒・泰勒（Jill Bolte Taylor）所寫的《奇蹟》（*My Stroke of Insight*）這本書，述說她自己如何中風，如何利用她的腦科專業，經由艱辛的復健，花了八年的時間終於康復的過程。她於書中談到左腦、右腦，以及受損的左腦如何導致語言能力的喪失，使她必須從頭學習簡單語言，一步一步復元。

當時，我對這本書只限於一種知識經驗的瞭解。然而，當我在毫無警覺的情況下經歷了所謂「中風」的過程，除了暈眩昏睡之外，在肉體上並沒有承受其他的痛苦，相較於很多人在經歷了相同的情況後卻永遠回不來；或者生命雖然保住，但在行走、四肢活動、語言等若干生活機能上出現了輕重不一的障礙或不協調，以致需要從事長時間的復健，我算是幸運的。

所謂生死一線間，正常生活與半身不遂其實也只有一線之隔而已。自從在肉體上走過這一來回之後，雖然變化不大，我對生命的體會卻有了很大的衝擊。是的，當「無常」總在不知不覺中來臨時，我們所在乎的事情將與已往不同，也將能夠超越過往的自己。

有人說，「生命的意義在它的深度，不在它的長度」。走過這次「事件」之後，我常自問：「我真的不在乎生命的長度了嗎？如果在乎，又該如何過好往後的每個日子？」這個問題的答案，應該是值得用生命去追尋的。

77 得與失之間

多年前有一則報導提到，位於台北市敦化南路、安和路口的勝利大廈，於二〇〇二年「三三一地震」時被判定為危樓，後改建為「元大栢悅」。這項改建援用都更條例，由危樓變成新樓，而且適逢豪宅房價飆漲，結局應該算是完滿。據稱，二〇〇四年協議改建時估計更新後的價值高達二十九點九億元，但完工時市場行情竟超過五十億元。

該報導指出，在外人看來好生羨慕的都更案，卻衍生出民事官司。主要是原一樓地主認為在「權利交換」的過程中，他們自建商處所獲得的利益比自行找的估價師少了約百分之四，也就是大約一點五億元的價值，若換算成市價，更高達五億元。因此，該地主多年來苦讀各項都更相關資料，並進行估價，提起法律訴訟。

針對這項民事訴訟案件，其是非曲折並不是此處想討論的。此處想討論的，是相關當事人在多年間，一直為自己可能受損的權益而耿耿於懷，甚至長年興訟，不知道在心境上要付出多少負面的代價？尤其在本案中，不論地主、都更實施者或涉及的政府官員，在看似多贏的局面中，又要在訴訟過程中為了利益分配耗費多少心思？

世人到底如何看待財富？如何爭取、維護自身利益？這實在是一個很大的課題。對許多人來說，也是人生的一項必修課程。國際著名的巨星周潤發在華人影壇走紅三十多年，累積超過三十五億元資產，他曾經表示所有的財富都是身外之物，因此要把百分之九十九的財產捐出來回饋社會。他說：「我什麼都不想帶走，因為所有錢都不是我的，只是我賺回來的，並不代表我要永遠擁有。」

人們對財富的看法與價值觀差異頗大，有人可以如周潤發般豁達，視之如身外之物，有人卻可能因為算計後的輸贏或盈虧而耿耿於懷，甚至願意付出多年的時間去主張、去爭取、去興訟。社會上當然也有很多人認為為了錢財、利益去作長期抗爭，是一種精明、是一種積極。然而，如果能夠騰空鳥瞰，或許對於這樣的執著，會有另一番領會。

在上述都更的案例裡，地主可以一直盯著「利益變換」的設算而認定自己有了百分之四的損失，但也可以著眼於因房價飆漲幾乎超過一倍的利得。前者是各種設算的可能性之一，後者是明確的獲得，而且後者遠遠大於前者。人們可以不為明確、實質的獲利而高興，卻一直念念不忘設算中可能的損失。這就是許多人的寫照。最終究竟是得多少，失多少？

在得與失之間，除了名聲之外，財富是最受重視的。因此財富的得與失自然成了人世間重大的課題與考驗。有許多書籍與專業投資人教人如何獲取財富，但是對財富的態度，追求的方式與手段，乃至運用財富的智慧，恐怕是一門更重要的必修課。沒修過這一門課，財富只會是煩惱的源頭。

78 求道與問路

修行中的求道經歷很像生活中的問路。問路者與指路者間常常因為身分、問話方式與語氣的不同，還有兩者間的觀點以及所處立場和角色的差異等，出現「問道於盲」或者「雞同鴨講」的情形。問路的內容是非常具體的，都可能出現南轅北轍的現象，更何況修道與靈性的探求，當然會有各說各話的可能性。

經常碰到的例子是，由於相互站在對立面，所以問路者的左方是指路者的右方，因此當指路者明確地說：「右手邊第一條巷子左轉」，即使指示這麼清楚，但當問路者依循指示走到所描述的地點時，卻發現在第一條巷子前又叉出了一條小小的巷弄，那麼剛剛所說的第一條巷子究竟是這一條還是下一條？這樣的問路經驗，應該是很多人共同的體會。

尤其當問路者與指路者彼此還是熟人，且指路者並不在現場時，一旦問路者無法確認何者為「第一條巷弄」，雙方將因為認知差異，產生溝通上的障礙，進而引發負面情緒，甚至造成彼此的口角與指責，認為錯在對方描述不詳盡，或是理解有問題，總之對方必須為找不到路負責。

「你的左邊和我的右邊」的混淆，這是方向所引起的誤解；「往右大約走五分鐘」，則會產生距離與時間主觀認知上的差異；「一棵樹」、「某某招牌」等，則是對形體記憶的考驗。事實有時就是與記憶、方向、時間、速度有著落差，這都會造成問路者與指路者彼此的誤解，而且在一問一答間很容易因誤解而引發情緒，使得問路成了一種磨難。

如果拿問路的經驗來對比修行與求道的過程，人們對於求道的途徑、方法以及修練的經驗可以有著千千萬萬種差異，在交流的過程中難免出現誤解、相互排擠，甚至各自標榜自己的純正信仰，否定對方的論述，這在現實社會中俯拾皆是，往往也成為人們求道上的障礙與考驗。

其實，不論是問路或求道之所以會發生衝突，在剛開始時可能只是因為事出緊急、時間急迫，所以在一問一答之間容易因心急擴大彼此的差異而不自知，這樣的認知差距就形成溝通的根本障礙。只要靜下心來，這些負面的情緒或念頭就能消除，疑問也很容易得到答案。由此看來，求道的急切所可能產生的後遺症，與問路不著是如出一轍？

問路是由某個位置前往下一個方位不明的地點。同理，求道也是由當下的人生體認邁向另一種新的體認，過程中難免會有疑惑、會有徬徨。自修固然是求道的必要基礎，偶爾問問路又有何不可？這一問一答之間所應具備的同理心和設身處地，不就是修行？也正是問路者與指引者必須要有的基本態度。

79 財富自由vs.心靈自由

多年前，坊間有一本暢銷書《富爸爸，窮爸爸》（*Rich Dad, Poor Dad*），所探討的是「財富自由」的課題。作者提到現代人不斷在追求較高的薪資，用以改善物質生活，然而現實社會裡，即便屬高薪階級的律師、會計師、工程師們仍然經常陷入一種循環：高薪帶來大房子、大車子，連帶也使他們成了高房貸戶、高分期付款者，宛如逃不出滾輪的天竺鼠。

要脫離這種命定的循環，作者的建議就是要儘早儲蓄，然後積極從事投資活動，累積可以自行增值的資產，這樣才可以不工作而透過資產所創造出的收益過生活，達到「財富自由」的境界。這也是作者提倡要趁早學習投資的道理。

學會投資而達到財富自由，的確具有相當吸引力，這也是投資理財成為當前社會顯學的道理。不過在歷經金融海嘯後，不但眾多投資人蒙受損失，連許多專業投資機構也慘遭滑鐵盧，甚至引發民眾對投資機構不當誘導消費者購買不適合金融產品的質疑，進而要求政府透過立法去規範或限制金融商品的銷售。

其實，投資除了有風險，不必然會有正的報酬，有時甚至出現血本無歸的結果外，更根本的問題是，即便投資有獲利，也累積了相當的財富，甚或已達到不工作而仍然可以過著優沃的生活，進而可以好幾輩子不用再工作照樣過好日子。但是，這樣的財富自由是不是可以確保心靈的自由與滿足？

這正好與二〇一三年我國政府決定，今後除了編製「國內生產毛額」的統計外，還要編制「國民幸福指標」的思維相吻合，這也是要向全球最快樂的國家不丹學習過生活的具體例子。這已說明快樂不是僅僅由貨幣、財富、金錢來衡量，甚至也不是透過名和利就能得到。

快樂與幸福是一種心靈的滿足，因此「捨心就身」注定是走錯路、無法到達目的地的。相對的，只有向內求、向心求，才能找到快樂、幸福之鑰。在全球性金融海嘯後，人們應該已有更深的體會，因為不僅僅個人財富可能一夕之間蒸發，連已存在數十年的知名企業或金融機構，也可能忽然間倒閉、破產。

至於歐債危機，也讓世人見識到一個國家也可能一夜之間財政破產，所發行的國家公債乏人問津，要不是透過歐元區的互挺，這些國家早已破產，未來前途仍然相當晦暗。這麼多現象接二連三地向世人示警，如果人們還只是企圖在表相中找到答案，會不會也像滾輪中的天竺鼠一般注定無法脫離？

有道是心病還要心藥醫，心靈的滿足自然需要回歸心靈層面，只有向內求，才能找到答案。唯有捨財富自由而追求心靈自由，才有明心見性的效果，此外，還能避免追求財富所遭遇的各項挫折，這也是規避種種危機的妙方之一。

80 臉書是寂寞的解藥嗎？

在美國資本市場的驚呼聲中，臉書（Facebook）終於在二〇一二年五月正式上市，並創下美國當年網路業ＩＰＯ（Initial Public Offering，首次股權認購）金額的新紀錄。據估計其當年的市值約一千億美元，比Google高出四倍，臉書的崛起造就了許多百萬、千萬美元的富翁。創辦人馬克・祖克柏（Mark Zuckrberg）甚至被稱為臉書王國的國王。

根據描述祖克柏的電影和小說，這位出身哈佛大學的高材生，是為了打發課餘的無聊，擴展在校園的交友、交際而寫出了Facebook的程式，結果深深觸及校園學子的需求，甚至造成哈佛大學宿舍網路因而擠爆、癱瘓，從而開啟Facebook王國的時代。從二〇〇四年二月四日下午三點，臉書正式誕生，短短十個月，註冊人數就超過一百萬人，接下來七年到ＩＰＯ時，會員更成長近八百五十倍。

剖析臉書的成功，有人指出是因為它在提供寂寞解藥上有三大祕方：採用真名吸引朋友注意、自我揭露縮短距離、按讚給網友溫暖肯定。這樣的成功方程式的確有其獨創性。透過人與人間的接觸與擴散，在極短時間裡就達到對特定議題的社群認同，進而產生對網路社群的高黏著性，這是Facebook目前會員數超過全世界人口最多的國家（即十三億以上人口的中國）的祕密。

臉書這個聯繫人與人的社群網站，被有些傳媒稱為是販賣寂寞的解藥。既然臉書具有這麼強的解除寂寞療效，那麼在這科技、網路與通訊的快速演變過程中，人與人間的關係應該愈來愈緊密、愈來愈溫暖才對，然而現實的情況卻是人際關係變得更加疏離。隨著行動裝置的普及化與便利化，照理說人與人的接觸更加沒有距離、互動更加頻繁，然而寂寞指數卻只升不降，為什麼？

觀察周邊的人群、熟識的朋友可以發現：除了睡覺時間之外，人們行走坐臥之間幾乎都無法離開手機和網路。顯然網路與行動裝置的確大大提高了人與人接觸的頻率，但有沒有同步提高接觸的品質？有沒有在接觸的同時付出實質的關懷與用心？這才是寂寞解藥該有的關鍵成分，顯然地，臉書並沒有提供這一個配方。

就以Facebook中曾經頗受歡迎的開心農場這個遊戲軟體為例，在這個虛擬的網路世界中，人們會花許多時間和金錢去經營，甚至遊戲中還設計偷菜等刺激性的橋段。即使如此，依然欠缺荷鋤、揮汗耕種的真實感，所以任憑遊戲多麼令玩家沉迷，它所建構的依然是個虛擬的情境、虛擬的世界，玩家們依然是足不出戶的宅男、宅女。

寂寞的是心，因此治療寂寞也必然要由心著手，否則，僅提供大量接觸的資訊和機會，固然可以殺掉很多時間、提高接觸的頻率，讓宅男、宅女們在網路上頻繁接觸，頻繁地「點」到為止，但怎麼可能有真心的關懷？如果沒有付出真心與誠意，又怎麼可能消除疏離與寂寞？因此，真正的寂寞解藥恐怕在臉書中是找不到的，因為解除寂寞必須從外求轉向內求，從接觸轉為關切，從點到為止轉為用心參與。這或許也正是O2O（線上線下）交互聯網興起的另一個原因，這會不會是個有效解方？尚待往後的發展。

81 長壽基因救不了不想活的人

二〇一二年發生了一則令人震驚與傷痛的新聞。台大醫學院有一位極具潛力的抗癌、抗老權威，學術論文遍及《細胞》（*Cell*）、《科學》（*Science*）、《自然》（*Nature*）等國際著名期刊的年輕學者、明日之星林育誼助理教授，疑似以注射藥物的方式自殺，得年僅三十八歲。

這位代表台灣大學和美國約翰霍普金斯大學醫學院合作，發現有兩種蛋白質可調控長壽基因，揭開人類老化謎團，極具發展潛力的年輕學者，在被各界一致看好的情況下，竟然選擇以這樣的方式離開他的妻子和三個孩子，真是令人噓唏。

尤其，令社會產生高度心理反差的是，林教授的研究主題，就是試圖尋找並揭開人類長壽的祕密；而且在經過千辛萬苦的鑽研下，從蛋白質的基因篩選中，似乎即將尋找到人們長壽的祕密。然而，在成功即將來臨，可以和他的工作夥伴也就是他太太分享研究成果，摘下相當尊崇的學術桂冠時，卻出現這樣的結果，的確令人難過。同時，令大家喟嘆的是，人類得以長壽的原因究竟是基因?還是求生意念?

顯然的，這個問題或這種問法過分簡化、針對化，但令社會如此震驚的案例，確有可供省思之處。當然，世間還有更多傾其個人或家庭財力、物力，遍尋名醫，忍受各式各樣醫療苦楚的勇敢靈魂，所企求的無非是戰勝病魔、延續生命，堅強地活下去。面對生命在求生或求死間，竟然有如此截然不同的抉擇，說明生命這堂課還真是深奧難懂。同時，明明是經由長期學習所具有的醫學知識，雖然大多數時間是用來救人，但竟也有用來結束生命的可能性。

雖然說人生自古誰無死，雖然說人有旦夕禍福，雖然說我們不知道明天先到或無常先到。不過，反過來說，人一旦失去了求生的意念或信念，生命就難以為繼。因此，透過對生命學的學習與參悟，是獲得生命意義的重要手段與管道。

有關林教授之逝，或許人們永遠不知道其自殺的真正原因，但巨大的壓力應該是可以理解的。不論壓力來自身體、精神、工作或其他，這也正是當前人們所共同面臨的難題：欲求快樂而無著，因為有難以擺脫的壓力。

如果能夠真正不起煩惱心，或許可以免除壓力，但這種不惹塵埃的境界，並非常人所能及，因此經常勤拂拭心靈是必要的修行。然而，就算不能常常維持在禪定狀態，那麼也要時常以歡喜心看待自己，提醒自己，肯定自己。

再回到生命的根本，如果能夠堅持並體驗「你創造你自己的實相」的人生，那麼有沒有長壽基因，都不重要了！

經濟學人這樣觀世界

82 世界上最缺的是「道德領導」

美國哥倫比亞大學地球研究所所長、聯合國祕書長特別顧問傑佛瑞．薩克斯（Jeffry Sachs）在一篇悼念前捷克總統哈維爾的文章中，一開頭就寫道：「世界上最嚴重短缺的事物，不是石油、清水或糧食，而是道德領導。」

以薩克斯教授的專業而言，地球上所匱乏而又是人類生存所必需的物質，經常被冠以「XX危機」的應該是石油危機、飲水危機、糧食危機等，但他在這篇文章開宗明義就指出，這些匱乏還不是真正的危機，真正的危機乃在於道德的淪喪，尤其是政治或社會領導人的道德淪喪。

該文進一步闡述，哈維爾（Havel）所彰顯的道德領導，其精髓只在說真話而已。當時東歐隸屬於前蘇聯的共產集團下，哈維爾是一位文人，藉著他的劇作、散文和信件，述說生活在東歐共產黨獨裁政權下的道德困境。就因為他說了真話，而使他的人身付出了入獄、被監視、被騷擾、被流放的代價，使他的作品被審查、被禁止。然而，哈維爾用他的真實以及大無畏的勇氣，終於在一九八九年十二月，以壓倒性的多數票當選捷克新總統。

在那個東歐共產集團連鎖性垮台的過程中，正是說真話的道德領導力，把共產國家原本構築的強大軍事武力，在一夜之間摧枯拉朽地推翻，丟棄到歷史的灰燼之中，那真是人民力量的偉大展現。二十多年後的二〇一一年，從中東、北非所掀起的「茉莉花革命」，再度使許多極權政權垮台。

這波革命在訊息的傳遞上採用了一種創新的方式，即網際網路的使用。由於通訊技術的革新，所以這波革命雖然沒有出現類似哈維爾這樣的道德領導人，代之而起的是不特定的眾人，但追根究柢依然是透過「講真話」，把長達數十年的獨裁者與獨裁政權給推翻了。

台灣已經歷多次總統與立委的激烈大選，令人遺憾的是，在選舉的過程中，似乎看不到「道德領導」這個最重要的元素。選戰中，往往主要的候選人都聲稱不要進行負面選舉，然而實際的言行卻完全不是那麼回事。他們窮盡一切手段扭曲、醜化對手，使有投票權的公民似乎只能莫可奈何地在笨蛋、壞蛋間作選擇。

這樣的選舉不要說是選賢與能，連作人起碼的尊嚴都在選戰過程中被糟蹋殆盡，更遑論「道德領導」了。同時，由於只有輸贏、沒有是非，以致選舉之後，藍綠兩大陣營及其支持者對立加深，撕裂了台灣社會，使台灣落得徒有民主選舉的形式，卻完全喪失民主選舉的本質。導致選舉無法有效成為公共事務與公共選擇的有力工具，這將是台灣因應國內外情勢與挑戰的最大隱憂。因此，現在與未來台灣最需要的也是「道德領導」！

83 民主與經濟

政治與經濟是最重要的兩大社會體制，從有歷史記載以來，甚或追溯到史前時期，人類社會一直在追尋適合生存發展的政經體制，然而成果令人不甚滿意。經由這麼長時期的追尋，到現在還沒有建立可長可久的完美體制。

民主政治是迄今為止最被多數社會所接受的一種體制，但是證諸歐美老牌民主國家，如美國目前所陷入的國內政治僵局；義大利、希臘內閣的垮台，可以清楚看到民主政治體制對解決政治僵局的束手無策。

同樣的，從金融海嘯到二次衰退，也見證了市場體制無法有效解決經濟難題的困境。如果連民主政治和市場經濟都會出現這些政府和市場的失靈現象，那麼現行體制的缺陷就值得關注，甚至還有繼續探尋更完善體制的必要性。

中國大陸的經濟體制，雖然已高度向資本主義傾斜，但在資源的掌控與分配上，由國家或政府主導的中央企業仍然扮演關鍵性角色，這種混合經濟體制若與資本主義或計畫性經濟作各種排列組合，究竟人類社會該有怎樣的選擇？這個問題還真不容易回答。

至於政治體制，那就更沒有簡單的答案。日本「失落的二十年」以及任期愈來愈短的內閣，明顯說明內閣制容易陷入短命政府的不安定狀態。然而，美國兩黨政治的架構卻也出現類似台灣的藍綠對抗，造成決策卡在兩黨國會的對峙中無法有效解決。至於專制統治的中東阿拉伯國家，近年來紛紛遭遇「茉莉花革命」而被人民推翻下台。

因此如果要給各國政府或人民做出政治體制的建議，試問內容是什麼？究竟是繼續維持極權統治？抑或積極推動民主政治？極權的弊病如何防止？民主的僵局與困境又當如何面對？

二次世界大戰後的經濟、政治體制競賽，在前蘇聯垮台後，似乎有了初步結果，那就是資本主義、市場經濟戰勝極權政治、計畫經濟，但隨之而來中國大陸的改革開放，對上了俄羅斯的「震盪療法」（Shock Therapy），短期看來既無法勝敗立見，長期來看鹿死誰手還無法確認。

顯然，人類社會對究竟應該建立怎樣的政經體制還將繼續爭論不休，最終可能得到「沒有任何體制是完美無缺」的結論。每一個社會恐怕只能採行相對較適合某一時空背景下的體制，同時也只能實施相對較多人支持的體制，至於是不是最佳的？那只能留給學理去論證了，千萬別過分執著。

84 無可救藥的樂觀主義

二〇一一年，美國各地爆發「占領華爾街」的街頭運動，這是多數美國人對於現行體制的不滿，尤其對於政府處理所得與財富分配的方向、誠意、決心與效果，表達了相當高度的失望。這其實與英國倫敦的民眾暴動、警民衝突事件有共通的本質。除了英美已開發國家外，中東阿拉伯國家的「阿拉伯之春」、「茉莉花革命」，亦有雷同的社會因素，那就是人們對資源分配問題的不滿已逐漸表面化、擴散化。

政府對於民眾的需求，當然要有回應的能力，如果不能做到這一點，就可能在執政的道路上遭逢極大的挑戰。例如埃及和北非、中東等國家，一方面在政治權力上採高度集中的制度，但在經濟資源的分配上無法滿足民眾，結果終於引發了「茉莉花革命」，促使許多極權政府垮台。

這些政權有的已存在一、二十年或更長，卻經不起民意力量的衝擊，可見這些政權基礎多麼脆弱。當然，行動裝置所發揮的機動性與便利性，在動員上發揮了史無前例的力量，也是重要的催化劑。有人將這些事件的發生，歸因於通訊設備的創新，這種論點恐過於輕忽政治、社會體制的影響力。

我們相信往後的歷史將會記錄下這些事件，至於今天所遭逢的種種困境，當然都有其存在的因果，甚至有可預見的必然性。問題只在於眼睛雖看到問題，卻仍然無法避免其發生。「茉莉花」能否在各地開放，關鍵在於有沒有適合它開放的土壤與氣候；如果有，開花就可能只是時間早晚的問題。

當一個國家遭逢物資缺乏、失業率攀升、物價飛漲時，就是能讓「茉莉花」開放的好土壤，也提供了快閃族透過網路聯繫、聚集的充分條件，更是發動人們占領「華爾街」的好時機。所以，不論倫敦或華爾街，不論中東或非洲，茉莉花都有開放的可能。

對一個國家或地區的經濟發展而言，成長與分配一直是最重要的兩個目標，如果能夠兼具最好，但若要在其中進行選擇時，必然會有「魚與熊掌」難以兼得的難題。但最糟的情況則是，經濟成長停滯又面臨分配不均的壓力，目前的全球經濟似乎就落入這種困境。此外，成長的提振往往需要依賴少數經濟資源較豐富的一方，如此一來，又要犧牲所得分配去成就經濟成長了！

不幸的是，成長與分配這兩個目標在政治的天平上注定是無法平衡的，於是以政治手段去解決經濟資源分配的問題，其發生的機率愈來愈高。若要以更高的層次來觀察，這未嘗不是重新回復平衡的契機。面對當前的困局，人們所需要的應該還是「無可救藥的樂觀主義」這種態度了。此一態度提供尋求突破的可能性，也讓有限現實中產生無限可能。

85 從「人定勝天」到「人應順天」

二〇一一年日本三一一大地震所引發的海嘯和福島核災，這種複合性災難不但是過去未見，也帶給人們諸多省思，尤其是人與自然間的關係。過去有「人定勝天」的說法，今後是不是應該修改為「人應順天」？在「人定勝天」的概念中，人與自然的關係是對立的，而且過分凸顯人類的征服力量，甚至更高估人們所擁有的力量。

人類的知識與智能在已知的物種中的確是無出其右的，同時，透過不斷的學習與積累，在科學與技術上也有了長足的進步。因為這樣的成就，於是人們發出「人定勝天」的豪語。若以這句話作為人們自我惕勵、自我突破的勵志語，或許有其積極正面的意義，但若真的視之為信念或唯一顛撲不破的準則，或用同樣的價值觀來界定人與自然的關係，恐將自食惡果。日本三一一大地震，應該可以給地球上的人們帶來深刻的省思。

人們固然對地震的起因有所瞭解，然而要正確掌握何時、何地將會發生何種規模大小的地震，也就是對地震作預測，目前所能做到的還相當有限。即使像日本這樣一個對地震研究最多、瞭解最深的國家，目前大概也只能提早在實際地震發生前一、二十秒測知。這與人們對於天候中的晴雨、風向、風的強度等之預測能力，相差十萬八千里。

在無法正確預知地震的前提下，所謂的防震預演或防災，其實很難收到實效。然而，由於地震所造成的危害甚巨，即便掌握程度低，還是受到政府高度的重視，尤其是位於地震帶或地震區域內的國家，不得不投入相當資源進行相關的研究。日本的三一一震災，再一次說明大自然力量的可畏，以及人們對地震預知能力的薄弱。

人類面對地震的無力感，以及地震後的心態又可能有截然不同的反應，其中一種可能是激起高昂的鬥志，而有「人定勝天」的驕傲心理；另一種則是徹底謙卑順服，並且產生「人應順天」的敬畏心理。雖然在可預見的未來，這兩種心理對於如何減輕地震災害的問題，並不會產生明顯的差異，但不同的心理和態度，將大大改變面對這一潛在威脅的態度，進而作出完全不一樣的行為反應。

如果人們繼續以「人定勝天」的心態去回應大自然的災害，有可能會在建築物、交通設施等各方面，再投入大量資源進行抗震、防震的措施。反之，如果承認大自然力量之可畏，那麼也許會在建築、各項設施上接受這種天然災害之必然，而在建築上預留一旦發生地震時能夠減輕傷亡、損害的設計與結構。換言之，既然人無法勝天，那麼就只有盡量去順應自然，減少與自然直接的對抗。

勝天與順天的態度，影響了人們面對天然災害的應對方式，使人們與自然之間產生完全不同的互動模式。從日本地震、海嘯後所引發的核能災害，充分說明天災固然可怕，人禍尤有甚之。在各種末世現象頻繁發生之際，學習順天的態度，恐怕要比勝天的執著更合乎天道。

86 韓國躋身「20─50俱樂部」

全球有各式各樣人為定義的國家集團，但同時以國家人口規模與所得來界定，而且門檻甚高，所謂又富又強的國家，稱之為「20─50俱樂部」。巧的是，在亞洲國家中，日本是第一個符合條件的，而韓國則是最新達到標準的國家。

這個俱樂部的門檻是國家人口須達五千萬，人均所得為兩萬美元以上，因此，進入的門票非常貴。歐洲有許多高所得國家雖已跨越所得門檻，但人口能超越五千萬人的卻少之又少。目前該俱樂部的成員及其跨入之年份為：日本（一九八七）、美國（一九八八）、法國及義大利（一九九〇）、德國（一九九一）、英國（一九九六）、韓國（二〇一二）。

在亞洲國家中，人口超過五千萬的大國包括中國、印度、印尼等，但這些大國發展較落後，又因為人口眾多，自然會壓低人均所得。因此人均所得兩萬美元，幾乎成了難以跨越的「天花板」。總之，同時要既富且強的國家，可以說是寥寥無幾。所以，韓國能晉身「20—50俱樂部」，誠屬難能可貴，值得高度肯定與喝采。尤其，在全球經濟發展的競賽中，能夠脫離落後國家、超越發展中國家，進而跨入已開發國家之列者，屈指可數。日本長期以來一直是個特例，如今韓國能夠脫穎而出，與先進國家並駕齊驅，也算是亞洲之光。

當然，對於過去很長一段時間，與韓國並列為「亞洲四小龍」的台灣而言，或許有許多感觸：韓國能，為什麼台灣不能？幸好，這一個擾人的問題，有一個合理的藉口，那就是台灣完全無法超越的門檻——人口規模幾乎要兩倍於台灣現況。此外，台灣也不像香港、新加坡屬於城市國家，因此在都市化、產業結構等方面，必然較星、港複雜，往往使韓國更常成為台灣的比較對象。這或許也是台灣在面對這項訊息時，較可能產生複雜心情的原因。

不過，如果擺脫這種情緒，韓國的成就仍然可以給台灣若干借鏡。那就是：在經濟競賽中，比的是長期的毅力及耐力。此外，每一個轉捩點的政策選擇，也必然是影響後續發展的關鍵因素。因此虛心檢討我們在每一個時點的思維和研判力，並從過往經驗中得到啟發，將是非常重要且有意義的事。即使我們暫時不與其他國家作比較或計較，只和自己的過去作對比，依然可以判定現階段的進與退、速度的快與慢，其中或許就有可以反思的地方，作為自我突破的一個檢視點。

相對於過去四小龍的階段，今天台灣所面臨的處境更為複雜，從內到外的發展方向，也更為多元難解。但是如果檢視韓國的發展歷程，他們也曾在亞洲金融風暴時摔了一大跤，整個國家陷入債務泥淖，甚至需要向ＩＭＦ求援。但就在短短幾年的時間內，韓國不但能重新站起來，還躋身「20—50俱樂部」，這當中所作的功課與努力，才是我們真正要謙虛學習的地方。

87 競爭力的另一層體會

台灣除了是美麗寶島外，其實天然資源非常貧乏，因此對於「競爭力」的體悟，常常是相對自抑，也往往抱持刻苦剔勵的態度。由於經常處在高度危機意識下，從物質社會的競爭觀點來看，台灣即便已名列前茅，高居全球屬一屬二的地位，仍然奮力向前，幾乎不放過自己，因此常常會處於過度壓力的狀態下。這也是台灣在全球各種競爭力的排名、競賽中，一旦受到媒體報導、傳播，就很容易吸引全民的關注，進而成為全民運動的原因。再加上由於中國大陸的因素，使台灣在國際外交場合一直受到孤立，政府、民間因而養成一種不太健康的，追求在國際舞台、媒體曝光的心理。這其實是一種對於競爭力的扭曲認知。

在這種過分在乎「成績」的價值觀下，人們很容易忽略方法、過程的意義。譬如教育領域以考試成績作為近乎唯一標準的結果，不但過度窄化教育的內涵，也過度簡化社會該有的多元價值。只重結果、不重過程，容易喪失學習過程中的體驗機會，而養成唯成績是問的功利主義。

當然，生存於高度競爭壓力的現實世界中，要摒除競爭似乎不切實際（這又是生活在台灣的慣性思維），但是在思索未來的生活價值時，如果我們不以一種較為平衡的觀點來探索競爭力，那麼競爭力的追求，可能就只會帶來壓力痛苦，而不會有快樂的結果。

以台灣最在乎的經濟領域來看，不論是GDP、貿易及經濟成長、外匯存底等，以台灣相對貧乏的天然資源而論，表現已非常傑出，但媒體報導的角度，仍然只著重於那些缺乏與不足的部分，很少對於既有成就的肯定。這樣的心理，注定永遠不能滿足，自然也就無法快樂。

再以台灣產業的對外競爭力來看，從過去的美國第一、日本第一，到現在的韓國第一，這些優勝者一直鞭策著台灣永無休止地向前追趕。即使競爭力全球第一的台灣中小企業，從過去到現在，都鮮少享有「第一」的榮譽感。這說明不能肯定自己、欣賞自己地一味追求競爭力，到頭來只會帶來壓力與挫折。

更嚴重的是，這種只有競爭壓力，而沒有競爭力的認知，對提升台灣未來的實力恐怕不會有正面的影響。因為台灣早已超越貧乏階段，也早已超越依賴勞動力的階段。唯有美感、設計、優雅、文化、偏好、價值等高品質生活所需要的品味與內涵，才是今後產業競爭力的要素。

此外，在競爭的排序上，台灣也不可能樣樣得第一。譬如，即便成為蘋果近乎唯一的供應商，我們仍然對代工利益不滿足；即便台灣的資通訊產業站在全球領先的地位，我們仍對三星的領先感到憂心。其實，競爭力不應該是打遍天下無敵手的狀態，而應該是一種自我的肯定與自在；競爭力也不是賺盡全球的錢，而是一種和諧的分工與分享。

88 是非題或開放題？

每個人每天都會面臨許多的問題需要處理，但處理的手段有高低，處理的結果也有好壞。處理問題的能力幾乎是要耗盡人的一生去學習、去體驗、去成長的。所以我們可以從處理的結果判斷處理者的智慧、從容與氣度。

學習處理問題的第一課，也是最關鍵的一點，就是要先能正確辨別該問題的屬性究竟是是非題或開放題。

我們經常遭遇一種情境，那就是不論個人或社會群體之間經常為了某個主題而爭論不休，但是只要我們稍微抽身拉出距離，就可以發現爭執點在於雙方對於該主題的看法截然不同：甲方認定這是一個是非題，因此堅持必須分辨出你錯我對；但乙方則認為這是一個開放題，並無絕對的對錯，充其量只是個人看法的抒發，因此所有的答案都是可以共存的。

是非題有是非曲直，開放題則可以兼容並蓄。因此，在面對問題時，首先應辨別其屬性，才不會用錯誤的態度去找答案，不僅勞心勞力還找不到正確答案。這固然需要智慧去作判斷和選擇，但現實社會中，往往出現另一種極端的情形，即主事者明明知道問題開放的屬性，卻為了種種理由逼迫其他人選邊站，硬將開放題改為是非題。

要求自己或別人選邊站，其實就是一種常見的「混淆是非」的謬誤。以現今台灣社會經常出現不問是非，只問藍綠的現象來看，顯然選邊、表態凌駕了互相尊重，也代表只要是我族類，就可以不加思考地全盤接受；只要非我族類，就可以大加撻伐。自然也使社會陷入反智、弱智的情境當中。

所以，從個人到社會在面對議題、處理問題之前，都必須先有這番體悟，否則容易陷入僵持不下、吵翻天的僵局，遑論尋求交流和共識了。諷刺的是，社會上的大大小小爭議，各方都強調要達成共識，卻強硬地把議題設定為是非題，目的在排除異己，這種求解的態度注定是找不到解方的。

就以當前台灣社會的各種爭議來看，大至退休金制度、課綱、廢死，小至證所稅的修廢、都更制度的檢討等等，正反雙方都卯足了勁，拚命要證明對方的論點是錯的，甚至一無是處，只有自己的見解才是對的，甚至是唯一正確的。這不就是把議題設定為是非題，導致引發永無止境的爭論？

其實，所有爭議的本質都在於不論任何選項都要付出代價，都不是「免費的午餐」。因此，正確的思考方向應該是去評估，到底希望得到什麼樣的結果，其代價有多高，是否是我們能夠承擔的。然而，近年來每當社會大眾討論某項公共議題時，常見的模式是先把需要付費、付出代價的方案批得體無完膚，雖然付費方案也許有其背景因素與必要性，但在民代、媒體的推波助瀾之下，使社會大眾認為凡是需要付出代價的選項，都要歸咎於主政者的無能。

不幸的是，社會大眾絕不甘屈從於無能者，因此該議題自然被轉換為是非題，如此一來，就陷入必須爭是非、選邊站、不願付代價的困境中，這是我們必須超越的關卡。

89 見樹或見林？

「見樹不見林」通常帶有貶抑的意味，指的是短視近利。在現實狀況下，人們固然可能只看到微觀的層面，而忽略了宏觀的角度。但相反的，也可能出現「見林不見樹」的另一個極端情形，那就是固然看到了大的面向、大的問題與目標，但卻忽略了到達這個目標該有的種種細節，在沒有可供依循的具體方法之下，即便有了方向，卻仍到不了目標。

近幾年，大家都注意到蘋果這家公司的卓越表現，不但市值成為全球股市之冠，更重要的是在智慧型手機、平板電腦等領域的突出表現，幾乎已成了這些物品的同義詞。甚至全球原本的資通訊（ＩＴＣ）產業鏈，也整個被蘋果一家企業打垮，進而需要重整隊伍才能應戰。尤其，這股浪潮來得又快又急，台灣原本在ＩＴＣ產業所擁有無可取代的地位，竟然在一夕之間就幾乎全然變色。往後的產業發展史一定會記下這一筆。

事實上，微軟比蘋果早八年就推出平板電腦，比Google早四年推出智慧型手機，合計有七項重要創新都超越對手，但沒有好的成果。這可能是科技發展史上，「見林不見樹」的個案，即雖然早已看到趨勢，卻無法掌握市場需求，或者即使看到市場需求，仍然錯失若干關鍵因素。

類似的案例其實不在少數。譬如，有關銀髮族長期照護的作法，政府即是在高齡化的趨勢下，為了提供老人家符合一定標準以上的照護機構，因此將之視為具有急迫性的社會需求項目。然而，僅看到這一需求趨勢，若沒有細膩的推動措施，結果反而因安養機構無法通過老人福利機構的設立標準，帶給眾多重度倚賴照護的老人不便，嚴重影響到他們與其家庭的基本生活。這又說明若政府只看到社會需求的方向，卻缺乏完成目標的實施方法，不但不能達到目的，甚至還可能因而造成嚴重的民怨，使政府顯現失能的一面。

同樣的，政府在沒有經過充分的溝通與共識的凝聚，即推動十二年國教，就要有面對後續爭議與疑慮的心理準備，否則又將是另一個「見林不見樹」的例子。

所以，「見樹不見林」容易犯了只注重細節，但卻忽略整體的毛病，這樣的施政作為當然是不為民眾所接受；相反的，「見林不見樹」則又可能犯了只有方向，卻缺乏達到目標的路徑指引。在過去的年代，政府較常犯的是前者的缺失，當前政府的許多政策和施政，卻經常犯了後者的弊病，以致造成不但政策目標無法達成，甚至民怨四起。其實，犯了這兩樣疏失，都無法順利達到目的地。因此，既要見樹、又要見林，才是施政的妥適之道。

90 王道與霸道

氣候變遷是一個具有高度「外部性」（externality）的議題，因此常見來自各種角度的觀點與爭議。中國大陸作為後進的大國，在這個議題上經常會成為焦點。二〇〇九年底在丹麥首都哥本哈根所舉行的「全球氣候變遷高峰會」，在眾人關切注目下熱烈展開，最後卻在沒有強制性協議的情況下落幕，留給許多關心人士相當的失落感。會後，英國還公開批評中國挾持哥本哈根會議，以致無法達成原本期待的協議。這項指控當然遭到中國政府的反駁。

不過，會議結束前，當時中國總理溫家寶親臨會議，並舉行記者會表達中國政府的立場，該項發言鏗鏘有聲，若真能成為中國參與國際事務的態度與原則，那麼久已失落在國際社會中的王道思維能夠予以回復，則中國的崛起將代表非霸道的領導風格，毋寧是全球之福。當然，今後的中國是王道或霸道的典範，當前的領導人習近平及其繼任者，將扮演關鍵角色。

溫家寶所闡述的中國態度是，因應氣候變遷這個大問題，各國有責，但這種責任應內化成為各國的自制政策，中國反對透過集體決議的方式，強將排碳數量控制做為國際間的協議。因此，中國自己已定下減碳的目標，會據此實踐節能減排的政策。記者會中溫家寶也遭到媒體的質問：何以保證中國能誠實執行此項承諾？溫家寶則以中國古老經典中的話作答：無信則不立。一切讓事後的誠信行動來檢驗中國的承諾。

中國政府針對舉世矚目的氣候變遷，清楚表達自己的立場與態度，是值得喝采的，尤其是中國的立場建立在各國應該負起責任，但不須以集體意志強加在各國，這種以充分自省做為出發點的自制，看似可能流於空泛，或毫無強制性。不過，就現實世界來看，這種以王道 vs. 霸道的自我約束，會不會比強制性約束更可期待，倒是值得各國深思。

為謀求解決各國之爭端與紛爭，在政治、軍事上有聯合國在統籌。在經貿方面有世界貿易組織（WTO）在處理。然而，過去六十年的歷史經驗看來，透過聯合國組織性的介入與參與，在化解衝突、避免軍事行動上，成功的案例並不多見。目前WTO暫停談判的「杜哈回合」正是多國性、強制性規範常陷入的困局，結果又朝向以地區性自由貿易協定的方式在破壞WTO的基本精神。也再次驗證這種強加要求的霸道作法，經常出現無法施行的困境。

如果，類似氣候變遷這種高度外部性的問題，固然在技術上可依賴市場機制、價格機制等方式，把碳權變成一個可供交易的媒介，藉此來調節減碳與產業發展間的「抵換」。但這必須在各國政府有決心去追求自我設定的減碳目標，才有可能。否則，碳權交易將成為另一種變相的貿易障礙。

目前各國政府減碳目標難以達成一致性、強制性的協議，在於此項減碳目標是外來強加的規定，各國被要求且受到限制。如此一來，勢必斤斤計較，這也是已開發國家和新興國家間會形成對立與無法找到平衡的原因。如果能反躬自省、量力而為，並展現誠意，這種由自身做起的「默契」，而非強制性協議，會不會更有效果？

91 科技改變市場，法令別跟不上

科技日新月異，往往改變了傳統對市場的定義與範圍，如果法令跟不上，就可能成為科技與產業的制約，那就不會被社會接受。這樣的例子在國內俯拾皆是，二〇一二年倫敦奧運會所引發的轉播風波更加凸顯台灣法令體制嚴重落後現狀所需，更遑論去引領產業發展了。類似的情形也發生在第三方支付、票證行動化等新發展趨勢上。如果在法制增修上不能迎頭趕上，所產生對相關產業的制約，將遠遠大於政府杯水車薪的促進、鼓勵措施。

二〇一二年夏天在倫敦舉行的奧運會，在賽事轉播事項全部共有十一個頻道，轉播權利金高達五百多萬美元。在國內原本面臨沒有企業埋單的困擾，最後在馬總統的關心下，由中華電信來承擔，讓國人和世界其他地區民眾一樣，得以欣賞到奧運精彩的表現。

這原本是美事一樁，但實際的推動卻碰到國內法令的瓶頸。現行法令將電視頻道區分為無線、有線、衛星，每一種頻道又各有不同的管理邏輯與法規。這在法規制定當時科技的狀態與運用言之成理，但到了數位匯流的現在，如果法令跟不上來，就會出現很不協調的結果。

以當時奧運轉播為例，即便擁有台灣地區轉播總代理權的愛爾達電信公司有意願，但基於現行法令，由於不同資通訊傳輸系統的切割，台灣民眾也只能「十一選三」，看到「半套」奧運轉播。這個問題若不協調解決，政府必然會遭到嚴厲的批評，使得美事變成憾事。

其實數位匯流就是要把通訊與網路技術，因著開發上市的時程不同，所形成傳輸系統存在有線、無線之分，裝置設備有電腦、電話、網路、智慧、平板等之區別，內容呈現有文字、語音、圖像等之不同，都能夠在技術平台上自由轉換，打破原有「橋歸橋，路歸路」的分流狀態。

此一轉變是完全站在資訊、通訊的供需雙方最大便利性及科技快速發展為著眼點，其結果往往帶來原本資訊、服務提供者，因著市場界定的不同而一夜逆轉，這也是科技應用所帶來營運模式轉變的巨大衝擊。然而，除非我們抗拒轉變，否則就沒有退路。

這種因科技改變市場面貌的例子，在國家通訊傳播委員會（NCC）與公平交易委員會所主管的業務最常碰到。因為他們都要在一個靜態的市場結構下，去研判某市場的廠商競爭狀態是否健康？會不會形成壟斷或獨占？此時，法令的適用必須跟上科技與產業的發展。

奧運轉播可以在相關的管理規則中加上臨時性重大節慶活動，經主管機關核可即能解套。這要比依法行政或按法規申請頻道，更貼近民意，也更符合產業、科技的需要。至於中視、中天、中時等媒體因資本結構的調整，如果以數位匯流的觀點來看待，相關市場結構與占有率都不再是問題。

因為，在數位匯流的趨勢下，所有資通訊都可以匯流在一起，此時的市場範圍又豈是分流狀態下的細割化所可以說明的。如果還死守既有觀念，那將使數位匯流成了空談。同時，法令本身或對法令的解讀，必須跟上產業發展的需要，否則將成為最大的絆腳石。

92 你乾淨了，地球髒了

曾經遇到一位出生於台東，早期赴德國求學後定居於奧地利的陳博士。當年六十七歲的他，記憶中孩童時的故鄉，隨時都可以到清澈的溪水遊憩，如今卻成了又髒、又臭的惡水。基於這樣的省思，他認為我們這一代人有責任、有義務去淨化還原我們的環境。

該怎麼做？陳博士的答案與方案相當吸引人而且簡單易行，那就是變更目前的洗劑配方，使洗劑本身不再形成污染，而且還可以把已經污染的水質還原。他在二〇〇〇年聯合國世界公共衛生學會聯盟（WFPHA）第九屆國際大會於北京開會時獲邀演講，分享他的觀念與發明，獲得高度肯定。

根據聯合國統計，有百分之七十的水質污染源是來自家庭。這些污染源正是人類為了維持自身或周遭環境的乾淨而進行的各式洗滌。所以，人類為了潔淨而污染了環境，正是造成水質污染的元兇之一。因此，回復和淨化水質，家庭有責，不僅僅是排放工業廢水的工廠才需要負責任。換言之，維護水源的潔淨，必須從觀念改起，再加上行動落實、積極推廣才能有成。

其實，地球因環境污染而酸化，因排放二氧化碳而暖化，都與上個世紀中葉起人類大量使用石化燃料有關。從原油裂解中可以獲得重量較輕的汽油、柴油，一直到塑膠（如ＰＶＣ）、瀝青等。而介於塑膠與瀝青間的石化原料，也正是產製合成洗劑的原料。今天不論清洗食物、身體、頭髮、衣物、地板、玻璃等各種洗劑，靠的都是下列這些石化原料及其功能：

滲透功能（介面活性劑）、解油功能（有機溶劑）、隔離功能（苯、磷）、防腐功能（甲醛）、安定功能（ＥＤＴＡ）、輔助功能（螢光劑、漂白劑）等，這些原料的毒性更甚於燃燒後會產生戴奥辛的塑膠。一般人或許認為這些洗劑只接觸皮膚，未經食用或吸入，卻不知這種經由皮膚滲入體內的「經皮毒」要比「經口毒」嚴重百倍：前者只需二十六秒就可進入細胞，百分之九十無法排出體外；後者十天左右才會進入細胞，百分之九十可排出體外。由此可見，經由含螢光劑的洗衣粉洗滌之後的衣物，其殘留之螢光劑所產生之「經皮毒」不可輕忽。同時，這些有毒元素會排入下水道，污染河川、酸化環境，都是嚴肅面對環境議題時需要一起關注的部分。

這些現象或許早已有人知道，問題在於有什麼解決方案？文章開頭提到的陳博士曾經嘗試以微生物的方式來解決，但鑑於微生物類似基因轉作的不可控性而放棄。最後他提出的對策是利用來自海洋的稀有礦物元素，這些元素因具有離子化特性、弱鹼性及嗜氧性，能夠達成分解污染、淨化水質、還原生態的功能。

在他的研發成果中，單就家庭廚餘可非常簡易地除臭而轉化成有機肥這一項，就是環保人士的最愛。這樣的理念與解決方案如果能廣為推動落實，將使台灣成為環境淨化上的全球楷模，這是值得有心人士全力以赴的目標。

93 未雨綢繆才是應變之道

當前的世界，正面臨著包含氣候等許許多多的變遷，例如人口的變遷，乃至金融體系的變遷。所謂的變遷是指大而明顯的結構性轉變。既然是結構性的轉變，也就是史無前例的變化，因此先前的經驗將有所不足，必須要以更謙虛的心態去理解，不斷學習建構新的因應機制和體系，絕對不能因為來不及反應而讓災難一次次地重演。

氣候變遷是否帶來如某些小說或電影所描繪的末日景象，無法驗證，但目前全球因氣候變遷所引起的天然災害，在頻率上明顯增加，程度上也增強，環顧鄰近地區的日本、中國大陸、東南亞及台灣，莫不受到許多天災的襲擊。美國著名投資專家巴非特，甚至因重大天災可能帶來的巨大損失，而開始減持手中的保險業別的投資。

把一年或超過一年以上的雨量在一、二天中下完，必定會使既有的防災機制不勝負荷，甚至造成幾近毀滅性的傷害。在這種猝不及防災變的威脅下，有必要考慮某些危險區域的民眾是否應及時撤離？若干地質脆弱地區是否不適合居住而必須遷村？災變發生時如何救災？救災器具是否充足？救災資訊如何收集？救災體系如何建構與指揮？當國內救災資源不足時，如何在國際間或區域間求援？面對這一連串的設問，我們敢說已擁有一套夠用的防災機制了嗎？

此外，多年來的各種天災也凸顯出一種利用電視 call-in 或網路救災的現象。每當災難發生時，人們便透過電視 call-in 或網路鄉民的管道傳遞各地即時災情訊息，無法馬上獲得救援或改善時，也會立即表達對政府、救難人員的責難。這正反應出資通訊科技的發展，使得個人及個別點資訊的取得、呈現能力與速度已大大改觀。如果將政府所建構的資通訊體系與民間相結合，使之成為點、線、面的資訊整合，或許能發揮更好的救災效率。從這個觀點去思考氣候變遷下的國土安全資控體系，是防災或降低災情的基本工作與挑戰，也是全面因應氣候變遷所要努力的；至於跨國間的區域性救災合作，更是同步要組織串連的。

氣候變遷所引發的災難常在瞬間造成，容易引起注意，但類似人口變遷所引發的社會難題，由於沒有那麼強的立即性，則往往被忽視。然而，一旦人口結構超過臨界值，面對高齡化、少子化的衝擊時，才想到要處理相關問題，可能為時已晚，其所形成的災情不下於氣候變遷所引發的巨災。

其實，全球性的人口變遷導因於人類平均餘命的增長以及少子化的現象。這將改變傳統勞動力的結構，問題不僅僅是銀髮族造成的扶養壓力而已，還有勞動力不足的窘境。為了因應這些現象，政府應及時對勞動者的年齡上限及對勞動退休制度進行研究與調整。譬如，延長退休年齡的上限，使勞工可以在現行退休年齡前結清年資，再依個人、所得、家庭經濟狀況重新決定是否二度就業、二度創業，或者如何把財富或企業經營的權力完成平順的移轉。

這些法令及工作價值觀、社會安全制度設計、終身學習觀念與制度的建構等，在在需要調整，唯有早日防範，才可避免在毫無準備的情況下，讓人口變遷形成人為的土石流，屆時又是一場大災難了。

94「公平正義」如何著力？

一段時間以來，「公平正義」在台灣有時是各項政策的必要元素，然而有時情勢似乎又有一百八十度的翻轉，此議題反而成了主政者避談的題目。這當中有什麼轉折？對於執政者而言，以公平正義為施政目標，何錯之有？

當然，公平正義應為普世價值，原則沒有錯，但何以當執政者將它作為政策或政見訴求時，卻如此不討好？這至少涉及兩個層面的問題：一是公平正義的標準有其個人的主觀性，言人人殊；二是公平正義的適用範圍非常廣泛，可能超出政策主張者所能處理的。

由於公平正義具有高度主觀性，很容易因尺度的鬆緊不同、標準的高低有異，雖然符合部分群體的公平正義，但對另一群體而言，則仍然是不公或不義，甚至既不公又不義。因此，若要以公平正義作為政治訴求，恐怕造成的分歧更要甚於共識。

即便解決或消除標準的歧異，還有另一個頭痛的問題得面對，那就是公平正義這個價值的普及性與根本性。一旦這一價值觀被點燃或喚醒，那麼決策者將難以界定其合理範圍，導致民間到處要求公平正義，卻到處得不到公平正義的困境。屆時，在政策回應上必然捉襟見肘，非常不討好。

因此當執政者在油電價格的調整、證所稅的課徵上，擺出了不惜得罪民眾，也要依使用者付費、回歸市場機制、避免窮人補貼油電大戶的不公平現象，這時公平正義的大旗還沒能飄揚，就被反對的民意給淹沒，甚至背負點燃通膨的罪名。政府付出的代價奇高無比。

其實，主觀性與泛用性是公共政策在擬定時，必須非常審慎處理的問題，否則很容易陷入政策行銷的困境。因為這個特質，使得「業主」在界定或定義顧客群時，必然有相當的困難，一旦顧客難以定義，所有行銷方向、手法、工具，都將頓失依據，如果不出問題只能說是幸運了。

以證所稅的課徵為例，在公平正義的大旗下，一旦碰到實務上的稽徵技術問題，就不是簡單的公平原則所能處理。但是在公平的訴求下，若因技術問題而做出讓步，又會受到許多責難、批評，甚至連改革的誠意與決心都會遭到質疑，進而造成許多政策推動的困難。

令人訝異的是，有時政府在同一時間所欲推動的政策還不僅一件，油、電、稅齊發，一件比一件困難，甚至連水價也被列入調整的可能對象。這可以說是挑戰民意的極限，最終成了民眾對政府支持度的殺手。所以，政府施政滿意度的疲弱，就是一連串錯誤決策所導致。這當中，「公平正義」的訴求尤其要相當留意，因為這是一刀的兩刃，一不小心，可能傷了政策的正當性，也可能開了一個難以滿足的政策期待缺口，這都不是該有的政策選項。

95 幸福是可以拚搏出來的嗎？

由行政院長江宜樺所主導的「國民幸福指數」調查已於二〇一三年八月首度發布。然而，在談論幸福這個議題之前，當前台灣社會常見的拚搏精神，可能要有若干修正，否則恐怕會產生落差，因為幸福並不是靠拚搏就能得到的。

其實，任何事情一旦量化、指標化，一方面有具象、明確的特性；另方面也必然產生侷限、物質化的「副作用」。尤其，幸福有很大的比重來自人們主觀的感受和評價，再加上要把個人的個別感受加總（agregation），成為社會整體的數值，所呈現的數字能不能精準反應整體社會的幸福感，當然是個很大的挑戰。

雖然如此，政府勇於思考並嘗試推動、建構幸福指標的作為仍然值得肯定和鼓勵。因為這已說明公共政策的制定者，對於過去習以為常的政策目標開始進行反思，並企圖跨出調整的第一步。這固然不是多麼前瞻性的作為，但絕對可避免陷入後知後覺甚或不知不覺的困局。

國際上，OECD（Organization of Economic Cooperation and Development，經濟合作暨發展組織）已於二〇一一年首次發布「美好生活指數」，至二〇一五年已有三十七個國家響應，最幸福的國家由澳洲獲得，瑞典、挪威分居第二、三名。這幾年來，每次都由而澳洲蟬聯第一名。行政院主計總處則於二〇一三年根據OECD所訂立的十一個衡量領域，針對二十四項具體指標編制「國民幸福指數」中的「國際指標」。

任何幸福指標的訂定，至少涉及理念與技術這二個層次。在理念的層次上，需要廣開思路，把各種可能的價值觀與偏好感納入。這部分為「國民幸福指數」中的「在地指標」，這方面目前規劃有四十個項目，以避免出現「台灣人的澳洲幸福感」這種謬誤。

就技術的層次，還必須克服「替代變數」選取和統計資料建立的困難。有些指標在理念上雖符合判定標準，但苦於找不到直接的統計資料或者替代變數，又會出現其與所欲代表的意涵間落差過大的問題。

除了這些難題外，「國民幸福指數」的編制必然會與目前的「國民生產指數」並存，因而產生如何妥適交互解讀的課題。當然，隨著幸福指數的深化，將會有一段社會接受的調適期。這段期間也是這個指標的推廣期與修正期。

進一步來看，「國民生產」和「國民幸福」這兩個指標，觀念上其實存在一個更根本的衝擊，那就是前者是結果、目的性的；後者是過程、體驗性的。國民生產指標可以透過拚搏而達成，但國民幸福指標則需要在生活的過程中去體驗和感受。千萬不要因為幸福指標的提出，又演變成另一場競賽，使政府想盡各種方法只求達標或超標，而忘了幸福是藏在感受和體檢的過程中的。

96 科技能否成就完美？

哈佛大學哲學教授桑德爾的另一本著作《反對完美：科技與人性的正義之戰》（*The Case against Perfection*）中譯本於二〇一三年面市。其實，若把他所著的《正義：一場思辨之旅》、《錢買不到的東西：金錢與正義的攻防》、《反對完美：科技與人性的正義之戰》這三本書合併視之，或可稱之為桑德爾的「正義三論」。

這三本書的核心議題都圍繞在「正義」上，而且前後相互呼應，從「思辨之旅」一窺正義這個議題在古今社會價值體系中所扮演的角色；另兩本書則分別探索正義與金錢、正義與科技的關係。

由於桑德爾教授的論理與架構完整、層次分明，而且擅長援引當前社會現象和輿論熱點，因此讀他的文章並不會受到主題的嚴肅性所阻隔，反倒猶如在閱讀輕鬆的小品札記，在完全沒有心防的情況下，很容易就能進入他的論述架構，並被他所說服。

這三本書雖各自獨立，但就主題來看可合成「正義三論」。以《反對完美：科技與人性的正義之戰》這本從道德的觀點探討基因工程的書而言，如果沒有另外兩本討論正義的論著為基礎，讀者對他的人工基因道德論，很可能會有些接受上的難度，這也說明這些著作內容間的相互印證。

第三本書討論的是，人類的智慧和科技一旦應用來改善或改良某些基因上的缺陷或不足，應不應該有道德上的界線？哪些是道德允許從事的嘗試和努力？又有哪些是觸及道德紅線，不允許科技跨入的領域？這也是本書書名所謂反對（科技）完美的道理。

只要踩到道德紅線，社會就會作出判定，並對該項行為說No。某些科技，尤其是基因工程方面的科技，固然目標都是用於改良或提升人的體格、智慧，延長壽命，但人們卻未必照單全收、一律放行或鼓勵，反而經常舉紅旗喊停，這背後其實有很複雜的道德考量。

二戰期間，德國希特勒以優生學為基礎，強調德意志民族的優越性，進而為了種族淨化而對猶太人進行大屠殺，就是企圖以人為操縱的手段提升人種素質，追求自以為完美的一種思維。而其所帶來的毀滅性偏執，此後一直受到道德性的監督，以避免重蹈覆轍。再以環法自行車公開賽最傑出的選手阿姆斯壯（Lance Armstrong）為例，日前他承認在過往比賽時曾服了禁藥，因而被取消多項冠軍頭銜，進而面臨廣告代言廠商求訴的事件，就是在體育運動項目借助科技藥物，影響競賽的又一個案例。

可是，隱而未顯的許多優生、基因改良、透過藥物或類似手段讓人類體能突破極限、抗病（例如從動物細胞培養出內臟器官，以便為病人換心或換腎）的各種努力卻始終不曾停歇，也始終一直在科技與人性的道德或科技與人性的正義這個觀點上拔河。

這樣的爭議是不可能停歇的，因此，建立一套自己對這類問題的價值基準，或許是必需的。否則，要作為一個適格的社會公民將會時時面臨道德問題挑戰的壓力。

97 推動大陸改革的兩隻手

中共中央在二〇一三年十一月召開了十八屆三中全會，依照往例，各屆第三次中央全體委員會議，是用來決定國家重大政策方向的會議，也就是為往後五年的國家發展策略方向定調。

在這次的決策會議中，中國大陸再度高舉深化改革的旗幟，持續推動今後的發展。這當中的一個密碼就是要善用市場和政府這兩隻手，來深化未來的改革。

這份「中共中央關於全面深化改革若干重大問題的決定」，全文約兩萬字，分十六方面，共六十條重大改革內容，被人們拿來與三十五年前，也就是一九七八年由鄧小平主導的第十一屆三中全會相提並論，被視為與當年確立改革開放路線具同等重要的歷史性。

由於中國大陸經濟體制還含有高度計畫成分，以及顯著的政府主導特質，因此

「國進民退」的說法還經常被提及。這就使一般所謂的由一隻看不見的手來引導資源配置的描述，不那麼適用於中國大陸。因為，除了看不見的市場機制這隻手以外，還存在一隻看得見的政府這隻手，很深地介入資源的配置。因此，要推動中國大陸體制作深層的改革，就必須兩手並用。同時，更困難的是又在這個過程中逐漸把力道由「左手」的政府，轉移到「右手」的市場，這樣才能順利完成體制轉軌的改革。

在轉軌的過程中，又會涉及國企改革、強化市場、股票融資、存款保險、戶籍制度、民辦醫療、生育政策、資本參股等制度的建立和興革，這的確是經緯萬端。個別來看，每一項改革都已困難重重，更不要說彼此制約、相互扞格，這絕對是個不輕鬆的挑戰。

相對於中國大陸過去是「摸著石頭過河」的情境，現在的體制改革已經有較清晰的路徑圖，也知道每一項改革必然會牽動到其他相關的變革，甚至哪一項改革是另一項改革的前提或連動結果，也已有梗概的掌握。

這些改革考驗著人們的反應及容忍程度，稍一不慎或超逾原本設定的容忍範圍，就可能產生無法有效控制，因而引爆變革衝突的連鎖反應，導致出現全面失控的危機。

綜觀整個深化改革的決定內容，其關鍵詞是城鎮化。因為欲解決大陸經濟、社會、政治體制現存的種種失衡現象，一個很重要的平衡點就是農村的城鎮化。其設計的內容、所欲達成的目標、可能的途徑、動員的社會資源、牽涉到的產品和要素市場等困難，不勝枚舉。

在該次會議前夕，媒體特別指出這一決定在文字定稿前，還出現「城鎮化」與「城市化」之爭，背後隱含的正是改革幅度與廣度的不同意見，最後文稿則採用折衷的「新型城鎮化」，為「城鎮化」與「城市化」兩派妥協預留空間。以中國大陸幅員之大，未來在實踐這些改革的過程中，恐怕會呈現兩派並行，也就是有些地方偏向城鎮化，有些地方則偏向城市化，並在實踐中反覆檢驗、修正，這或許是最有可能的結果。

98 服貿爭議的背後

二〇一四年，為了簽署兩岸服務貿易協定，爆發學生與政府間的激烈衝突，進而引發以「太陽花」為象徵的學生運動。在筆者服務的學校裡，也有許多同學關切地討論這個話題，甚至在我教授的大一課堂上，這個議題幾乎沒有例外地成為最受關注的時事。

由於學生是一個龐大的群體，成長背景各異，看待這個問題的角度也絕對不是單一面向、單一層次的，意見自然不可能一以概之。有的學生直截了當以「總統下台」作為見解，其見解與事件沒有任何因果邏輯，有的只是情緒、焦慮和發洩。當然，這也透露出學生們面對國家、社會和個人未來發展時，有著很深的徬徨和恐懼。在這種巨大的壓力下，理性思辨的空間被壓縮不見，就只剩下這些表象的情緒化反應了。

也有些同學想要一窺爭議的內容，會進一步探究到底服貿協議是什麼。這個部分當然有其專業性，涉及國與國之間的經濟往來活動，包括有形商品的進出口貿易和無形商品的服務貿易，前者就有貨品貿易協定，後者則有服務貿易協定。

這兩種協定的目的在使締約雙方相互給予自由貿易的機會，也就是把兩國間的貿易關稅朝向零的方向調整，甚至非關稅的障礙也要一併移除；至於服務業的貿易大多需要透過跨境投資來實現，因此服貿協定就涉及兩岸是否開放服務業投資的問題。

台灣是一個小型開放的經濟體，所以發展經濟的唯一道路，幾乎就只有對全世界開放，同時也期待全世界對台灣開放。這也是在一九七〇年代中期開始，政府就提出經濟自由化、國際化、制度化，作為國家總體發展方向的理由。

經過四十多年的推動，這項政策已有若干成果，總體展現在我們經由漫長努力才擠進現在的世界貿易組織（WTO）中。然而，由於WTO後續的進展受到現實的牽制，竟轉向雙邊或區域協議的方向發展，這對於外交處境艱難的台灣而言，可以說是國家發展的一大考驗。

每當台灣要朝國際化的方向發展時，中國大陸就像一塊巨大的石頭堵在家門口，如果不迎面去移除，或善加利用，那就只有聽任這塊大石成為台灣發展的最大障礙了。再加上全球化帶來產業分工的重新洗牌，這股壓力原本就對資金擁有者有利，對勞動階層不利，因此貧富差距愈來愈大，早已在處於弱勢的一方心中埋下很深的不滿。

此時台灣面對中國大陸和全球化的雙重壓力，正是潛藏在許多人心裡沒有說出來的恐懼和疑慮。至於立法過程中的程序瑕疵或不正義，只是這場學生運動的引爆點而已。社會上對於這次事件，已經有各角度的探討及建言，希望早日走出事件的陰影，還台灣一個光明未來。

我們如果能從這個爭議背後的更深層次去做理解，才不會只著重於事件表面而已。若不能讓內在回復平靜，找回最初的信任，那麼事件的落幕只是暫時的壓抑而已。

99 沉澱再出發

「太陽花學運」對台灣社會帶來多元且巨大的衝擊，也必然在台灣社會發展史上留下不可抹滅的一頁。同時，會有更多人從不同的角度與面向去剖析這個事件、探索這個現象，並且總結這個經驗，進而影響台灣社會未來的走向。加上受到相當關注的反核四運動，像是對羸弱的政府加上一記重拳。由於這些事件在這麼短的時間內接踵上演，使整個社會似有喘不過氣來的窒息感，需要一些沉澱的工夫，才能對未來的發展有所反應和思辨。

其實，「太陽花學運」可以說是把台灣社會長期以來壓抑的情緒，作一次大清除。這些情緒包含：1.台灣國際地位的委屈；2.國家人格的扭曲；3.憲政體制的脆弱；4.政府職能的不足；5.民主價值的窄淺；6.社會階層的僵化；7.所得分配的惡化；8.產業結構的弱化；9.官民信任的崩壞等等。

看到這份清單，心情將無法輕鬆，尤其是每一個單獨的項目，其複雜難解的程度已經令人不安，更何況清單還會不斷加長。譬如，政府職能或政策內容，如果再以政治、經濟、社會、文化、交通、醫療、勞動、住宅等面向交互影響，那麼累積的議題恐怕將「罄竹難書」。

這幾乎是一張無止境的清單，也注定短時間內不可能找到真正的解答。從這個角度去看所面臨的問題，答案應該很清楚，那就是挫折和無奈。

比較當前各國政府所面對的難題，除了共同的「量化寬鬆政策」何時退場、退場快慢等已經夠讓人煩惱的議題外，台灣還須面對兩岸及特殊國際處境所衍生的難題。

台灣在解決公共政策議題時，由於上述國內外的處境，所以連政府運作的遊戲規則都要重新確立，此外，政策制定的透明度也遭到質疑，這都是台灣社會要向前邁步，較其他國家更困難的地方。

「太陽花學運」既然掀開了長期隱藏在台灣社會的集體禁忌。那麼，也許真誠面對，才是尋求最終解決方案之道。過去，政府慣常以高於民間的智慧替民眾作出政治選擇，譬如維持（兩岸）現狀是現階段最有利的選項。然而，在政策市場上似乎是既不叫好，也不叫座，更讓台灣民眾長期處於委屈心理，導致政府的威信在論述的話語權上，遭受到強力挑戰。這是兩岸政策需要調整的關鍵，如此才能回應強烈的民意主張。同樣的，類似核四的政策論述和選擇上，也需要有新的思維。那就是關於重大政策的抉擇，一定要由政府幫民眾作出決定？抑或只要充分剖析各種選擇的可能結果，然後尊重民意的自主決定？這或許是全體社會在撫平情緒、一起沉澱後，向內在尋找才能產生的答案，也是當下該有的態度。

100 公民社會的典範轉移

二〇一四年底的地方選舉，對許多人而言都是一大震撼，除了兩大政黨的版圖產生幾乎翻盤的結果，就技術面的角度，這場選舉徹底打破地方派系的運作模式，取而代之的是所謂「公民社會」力量的茁壯。因此，未來引領台灣政治、經濟、社會、文化走向的決定性因素已發生質變，從過去人群動員、派系、政黨的框架，挪往公民直接參與的方向。

這種結構性的「典範轉移」，當然是拜網路所賜。處在這場轉變的當下，從個人、團體、社群、派系、政黨到社會、國家，乃至於與其他國家、區域的關係，都可能發生環環相扣的連鎖反應。

在這場大轉變中，考驗的是人們如何看待變動的態度；同時，更考驗著調整的速度和掌握程度。今日所遭遇的處境與問題的複雜情況，往往不是可以簡單處理的，但民眾非常沒有耐心，總要求要立竿見影。

這樣的心理因素常常影響到政府回應問題的態度，施政急就章的結果反而加大了政府與民間的距離，更擴大與公民社會的期待落差。如果再回到技術層面，政治人物可能會把注意力過度聚焦於與網民的溝通，甚至於網路的經營。這固然是重點之一，但實屬枝微末節。

網路化的公民社會，要求的是參與、互動與尊重。政府必須走下台階和公民對話，爭取公民的認同與支持，否則必然在公共政策的推動上寸步難行，自然也會遭到公民的離棄，乃至在以民主選票決定公共政策的政治體制下遭遇重大挫敗。因此，把相互矛盾的意見，彙整綜合出先後排序的路徑圖，再依資源的多寡與民意，朝向解決問題的目標推進，這才是公民社會對於政黨、政治團體的期待。誰是今後的政治或政黨領導者，就要經得起這樣的考驗。

政黨必須針對公眾關心的議題，建立可供分析、處理的系統網路平台，提出解決問題的方案，並標誌出所需的時間和資源，才能有效地與民眾溝通，也才能判斷在溝通過程中如何消化、納入不同意見，再綜合整理出新的方案，這才是公民社會進步的動力。

這是全新的公共政策擬定及形成的過程，政府、政黨、公民團體要一起學習，一起成長。學習、適應力愈好的團體和政黨，將是未來的領先者。整體社會若能朝這個方向競爭，就是一個健康的公民社會，否則就會成為空有公民社會之名，卻只有投票活動之實的空轉社會。

台灣如何與中國大陸相處？如何調和成長與分配矛盾？如何解決政府和健保財務？如何因應少子化對教育產業的衝擊等大小議題，都需要這樣的對策路徑圖。若沒有，就不可能過得了關。

國家圖書館出版品預行編目資料

經濟學人這樣看教育，談人生 / 周添城著. -- 初版. -- 臺北市：商周，城邦文化出版：家庭傳媒城邦分公司發行, 2015.11

面；　公分

ISBN　978-986-272-908-3（平裝）

1. 經濟學　2. 文集

550.7　　104020185

經濟學人這樣看教育，談人生

作　　者／周添城
責任編輯／程鳳儀

版　　權／翁靜如、林心紅
行銷業務／莊晏青、何學文
總 經 理／彭之琬
發 行 人／何飛鵬
法律顧問／台英國際商務法律事務所　羅明通律師
出　　版／商周出版
城邦文化事業股份有限公司
台北市中山區民生東路二段141號9樓
電話：(02) 2500-7008 傳真：(02) 2500-7759
E-mail：bwp.service@cite.com.tw
發　　行／英屬蓋曼群島商家庭傳媒股份有限公司城邦分公司
台北市中山區民生東路二段141號2樓
書虫客服服務專線：(02)2500-7718 · (02)2500-7719
24小時傳真服務：(02)2500-1990 · (02)2500-1991
服務時間：週一至週五09:30-12:00 · 13:30-17:00
郵撥帳號：19863813　戶名：書虫股份有限公司
讀者服務信箱E-mail：service@readingclub.com.tw
歡迎光臨城邦讀書花園　網址：www.cite.com.tw
香港發行所／城邦（香港）出版集團有限公司
香港灣仔駱克道193號東超商業中心1樓
Email：hkcite@biznetvigator.com
電話：(852)2508-6231　傳真：(852)2578-9337
馬新發行所／城邦(馬新)出版集團【Cite (M) Sdn. Bhd.】
41, Jalan Radin Anum, Bandar Baru Sri Petaling,
57000 Kuala Lumpur, Malaysia
電話：(603)90578822　傳真：(603)90576622
Email：cite@cite.com.my

封面設計／徐璽工作室
電腦排版／唯翔工作室
印　　刷／韋懋印刷事業有限公司

■ 2015年11月17日初版

Printed in Taiwan

城邦讀書花園
www.cite.com.tw

定價／350元

 ISBN　978-986-272-908-3

商周出版

廣　告　回　函
北區郵政管理登記證
北臺字第10158號
郵資已付，免貼郵票

104　台北市民生東路二段141號2樓

英屬蓋曼群島商家庭傳媒股份有限公司城邦分公司　收

請沿虛線對摺，謝謝！

商周出版

書號：BH2008　　書名：經濟學人這樣看教育，談人生

請於此處用膠水黏貼

商周出版

讀者回函卡

感謝您購買我們出版的書籍！請費心填寫此回函卡，我們將不定期寄上城邦集團最新的出版訊息。

不定期好禮相贈！
立即加入：商周出版
Facebook 粉絲團

姓名：________________ 性別：☐男 ☐女

生日：西元________年________月________日

地址：________________

聯絡電話：________________ 傳真：________________

E-mail ：

學歷：☐ 1. 小學 ☐ 2. 國中 ☐ 3. 高中 ☐ 4. 大學 ☐ 5. 研究所以上

職業：☐ 1. 學生 ☐ 2. 軍公教 ☐ 3. 服務 ☐ 4. 金融 ☐ 5. 製造 ☐ 6. 資訊
☐ 7. 傳播 ☐ 8. 自由業 ☐ 9. 農漁牧 ☐ 10. 家管 ☐ 11. 退休
☐ 12. 其他________________

您從何種方式得知本書消息？

☐ 1. 書店 ☐ 2. 網路 ☐ 3. 報紙 ☐ 4. 雜誌 ☐ 5. 廣播 ☐ 6. 電視
☐ 7. 親友推薦 ☐ 8. 其他________________

您通常以何種方式購書？

☐ 1. 書店 ☐ 2. 網路 ☐ 3. 傳真訂購 ☐ 4. 郵局劃撥 ☐ 5. 其他______

您喜歡閱讀那些類別的書籍？

☐ 1. 財經商業 ☐ 2. 自然科學 ☐ 3. 歷史 ☐ 4. 法律 ☐ 5. 文學
☐ 6. 休閒旅遊 ☐ 7. 小說 ☐ 8. 人物傳記 ☐ 9. 生活、勵志 ☐ 10. 其他

對我們的建議：________________

____

____

請於此處用膠水黏貼